こういう観点から「五七」幹部学校の歴史を見てみたい

王耀平

『回想の羅山』は、中国の省庁クラスの国家機関が行なった「五七」幹部学校の歴史の一断片である。不完全であり、欠陥があるが、それは小さなことだ。この些細な資料でも、収集するのに十数年の時間がかかった。このことからも、当時の歴史のほとんどが薄れ、忘れられていることがわかる。

「五七」幹部学校があった時期には、ある程度権力があった党員幹部を含めての中国の知識分子は、当時の政治制度によって圧迫されて、委縮した微小な存在になっていた。例えば前世紀五〇年代の最初には、「論戦を戦わすこと」があり、「異議を唱える[illegible]「不平不満を漏らすこと」があった。これらのことから、「口で言うこと[illegible]食い違うこと」とか「わざとわからないふりをすること」や、「忠誠心を表[illegible]や、「ゴマをすること」や、「功績や徳行をほめたたえること」が生じる[illegible]互いに摘発し暴きあうこと」や、「互いに人の災難に付け込んでさらに追[illegible]ること」や、「お互いに闘い合い鎬を削ること」……など精神上のひずみ[illegible]である[1]。基本的人格などとっくに喪失させられていた。人間性の著しい[illegible]れていたのである。

中[illegible]革命」は、中国だけでなく、世界に対しても大変大きな影響を与えた。しかし「文革」史の研究者たちの大方が、「五七」幹部学校を代表とする「広範な幹部の下放労働運動」のことをなおざりにしてきた。「広範な幹部の下放労働運動」と「知識青年の上山下郷運動」は「文革」時期の二大政治運動であった。

知識青年の上山下郷運動についてならば、全国ないし全世界がみな知っていて、広範囲に深く研究されている。それはどうしてなのかを突き詰めると、知識青年の天真爛漫さと情熱が、彼らの反省と再思考に向かわせたからだと言える。彼らの強烈な内なる心の衝動が、最終的には集団として強烈な反省と再思考そして抗争に向かわせた。そういう心が、思想や政治そして文学面に強烈な表現となって表れた。これが上山下郷運動の影響が拡大した原因である。

「五七」幹部学校に下放した年長の知識分子は、これと違っている。彼らはすでに成人であった。彼らの中には民国時期の「五四運動」を経験した者もおり、国民党の独裁政権による暴政に反対する歴史を経験している者もいた。彼らの内心は、政権担当者のやることなすことに対して、冷静で明確であった。あるいはほぼ明確であった。彼らは意に背いて現実の政治状況を受け入れた。物理的な生存や精神的な生存のために、已む無く時流に従い、権力者に迎合した。自らの形象が醜く、権力に踏みにじられたが、自らも自分を踏みにじったのである。これこそ、この世代の知識分子が過去を振り返ろうとしないこと、及び反省し再思考しないことの原因である。その外、心配することは、或る日権力者に清算されてしまうかもしれないことである。「五七」幹部学校の終結は、その時代の終結であった。しかし、彼らは恐れている、徹底的に！恐

回想の羅山 上巻

五七幹部学校の記憶（外経篇）

対外経済連絡委員会「五七」幹部学校
歴史研究資料匯編

王耀平責任編集著

鎌田純子　山田多佳子
松尾むつ子　萩野脩二　共訳

朋友書店

表紙題字は羅山の書家　熊武氏による

こういう観点から「五七」幹部学校の歴史を見てみたい

れて声を上げられず、たとえ声を上げても、いまだに胸がドキドキしている。中国のこの世代の知識分子は、精神的に徹底的に撃破されてしまったのである！

中国の省クラスの指導幹部の中では、中共中央総書記になった胡耀邦だけが直接「五七」幹部学校において生産労働と政治運動（河南省信陽潢川県の団中央五七幹部学校）に参加した。この経験が、彼が後に冤罪事件の判定をひっくり返し名誉回復をしたことに重要な意義を持った。彼は中国の荒唐無稽な政治運動や政治圧迫に対して心底憎み嫌った。この点、その他の中共指導者とははるかに違った。彼が中共中央の組織部長であった時、冤罪やでっち上げの案件に対して、大ナタを振るって誤った判定を覆し名誉回復を行なった。ほとんど有無を言わせず、一律に判定を覆した。冤罪やでっち上げをやることは法治ではないが、判定をひっくり返して名誉回復をすることも法治ではない。荒唐に対して荒唐で対応したのだと言える。この法治でなく矛盾を解決する方法は、現今の中国社会の法制の権威を弱体化させた。そして、中国の「投書や陳情」の制度を強大なものに変えることになった。胡耀邦のやり方の是非については暫時論じないでおこう。ただ私は彼に影響を与えたのは「五七」幹部学校での生活の経歴だと思っている。

毛沢東は、「三分の間違いがあったが、七分は成果があった」とされている。歴史学の世界もおおむねこの結論に賛成している。こうして彼は大方の一致した「よき人」になっている。これは、私たちの歴史認識に対して有害である。私は、功労と過失は別のもので一概に論ずることはできないと思っている。中国人について言えば、毛沢東の国家英雄主義が当今の中国をして世界民族の林に屹立させたし、毛沢東の個人英雄主義が彼をしてその名前を千古に垂れさせたのである。秦の始皇帝・漢の武帝・唐の太宗・宋の始祖と並んだのである。彼の偉大な功績は不滅なのである。

ただし、毛沢東が「文革」を発動したことは間違いだ。強制的に学習をさせ、強制的に労働をさせて、辺鄙で遠くの地に流刑にし、経済的な来源を断絶あるいは部分的に断絶してしまった。はなはだしくは、飢餓の状態や、とても強度の労働、肉体の苦痛、生命の危険を与えることによって、彼らにいわゆる教育なるものを受けさせた。そして労働者や農民と結合する道を歩ませ、貧農・下層中農の再教育を受けさせた。このことで官僚主義と政権の腐敗に反対したのである。このやり方は明らかに非人道的で、人間性に反する行為であった。

今日、多くの研究者が「五七」幹部学校の歴史を粉飾し、「五七」幹部学校を、腐敗に反対し廉潔を賞揚する偉大な実践であったと褒め讃えている。このような結論は、実に心を痛ましめる！

現在、中国の政治環境はすでに大きく改善している。この改善は非暴力的であり、非激動的であり、非大衆運動的である。民生を基本とし、順を追って一歩一歩進めて、著しい成果を収めた。幾らかの人は中国の現実の政治状態を「文革」と比べるが、これは全く無知なやり方である。完全に同日に語れぬことである。、「労働者階級が必ずすべてを指導すべきである」とか「すべての権力は農民協会に帰すべきである」などというが、人民大衆がなんらかの高級な政治素養で中国の政治体制を改革できるなんて私は信じない。中国は、専門的な政治の精鋭がいて中国人民を民主政治体制改革に導く必要があるのだ。

要するに、中国の政治体制の改革は、絶対に「文革」の歴史を受け継いではいけないし、絶対に動乱や暴力革命や大衆運動を起こしてはいけない。非常に多くの中国人は、中国の現政権に対する恨みが強烈で、ただ中国が乱れないことを恐れ、毎日中国が衰えることを歌いあげ、天地がひっくり返らないことを恨んでいる[2]。中国は苦しみに耐えられない。中国という船は私たち中国人の運命共同体の乗り物で、私たちもこの船が平穏に航行することを保証する義務がある。

私の観点は私個人に責任があり、この本の他の著者たちの観点を代表するものではない。この本は、全体から見ても、私の観点を支持するものではない。如上の観点は私自身が「五七」幹部学校の歴史を研究して体得したものである。皆さんと討論するために、言い出したものである。

萩野脩二先生は、二〇一五年に私の小説『羅山条約』の翻訳を主導し、二〇一七年に正式に日本で出版したが、それ以来、私は内心でずっと感謝の念を抱いていた。今年私は京都に行き、一緒に「二鍋頭」を飲み、直に感謝の気持ちを述べた。初めてお会いした時のことをアリアリと思い出す。六月二九日の朝、私がホテルの入口で彼を待っていると、一人の痩せた八十歳に近い年寄りが杖をついて私の方にやって来た……当時の情景を今思い出しても、思わず涙があふれ出て来る。『羅山条約』を翻訳していたころ、彼は非常に重い腎臓病に罹り、毎週三回の透析をすることになったが、翻訳が完成するまで頑張った。その後、彼は『再生微語』を出したが、その本には十分に当時の病状の厳しさが出ている。私という一介の凡人が、このように手厚く老先生に遇されることに、深く感謝し、また慚愧に耐えない！

この『回想の羅山』もまた萩野脩二先生の慧眼に叶い、日本語に翻訳することを提案された。私の感激の気持ちは言葉では言い表せないほどだ。ただ肝に深く銘じよう。

同時にここで、鎌田純子、松尾むつ子、山田多佳子の三名にも衷心からの感謝の気持ちを表そう！

最後に萩野脩二先生が京都で顔を合わせた時に贈ってくれた七言絶句を書いて締めくくりとしよう。

六月繡球正茂盛　京師寺廟荘而厳　人生得意飲三百　中日交流美酒甜

〔六月の繡球　正に茂盛（さかん）　京師の寺廟　壮にして厳（おごそ）か　人生意を得れば　飲むこと三百杯なるべし　中日の交流　美酒甜（うま）し〕

二〇一九年一一月二八日　北京通州潞辺居にて

こういう観点から「五七」幹部学校の歴史を見てみたい

1 以上は、中国知識人が経た心の変化である。先ず毛沢東が「百花斉放 百家争鳴」とか「党に心を打ち明ける」などを提唱した。中国知識人は、まじめに不満や意見を述べたが、その結果それらはすべて党に反対する意見だとして、一九五七年に「右派」とされ、階級の敵とされた。このような弾圧があった後、知識分子は敢えて本当のことを言わずに、政治情勢に対処するようになった。「文革」期になると、自分の政治的生存のために、互いに暴露したり批判したりするようになった。一旦ある人物がやられるとワーッと大勢のものが批判するようにもなった。「文革」期の派閥闘争がそれであり、大衆闘争が文闘から武闘になったのだと、王耀平氏は説明した。

2 王耀平氏の説明では、当面の中国の危機は深刻だとのことである。インターネットや巷のうわさには、いたるところで中国政府に対するデマ、偽り、事実の誇張、屁理屈、扇動、辱めや罵りがあふれているということだ。

　こういうことが現状の中米間の貿易激突に、客観的効果として、アメリカを利し中国に不利益になることは確かであろうと言う。中国政府の現在のスローガンは、「安定がすべて」であり、安定を大局としている。王耀平氏は、中国の現行の政治制度を承認しないが、国家存亡の危機にあっては、「攘夷」は必ず「内を安定」にしなければならないと考えている、と言う。

上巻 目次

本文

附録

写真

下巻 目次

この本の作成にあたって

『回想の羅山（外経篇）』編集者

「外経」という時代遅れの概念は、ある一時期の歴史の痕跡である。「外経」とは一九六一年に成立した対外経済連絡総局のことである。一九六四年に対外経済連絡委員会に、そして一九七〇年に対外経済連絡部[1]と改称された。それは中国対外経済援助業務の略称でもあった。一九八二年三月に外経部と外貿部が合併し、対外経済貿易部が成立してからは、「外経」という名称は次第に消滅していった。「外経」に対応するのが「外貿」で、「外経」は「外貿」以外の諸々の対外経済業務を包括していた。しかしその頃は、主な業務といえば対外経済援助だけであった。独立した「外経」という機関は、わずか二十年しか存在しなかったのだが、それは「外経」に属した二世代の人たち[2]の運命に影響を及ぼした。

『回想の羅山（外経篇）』は「外経」の歴史の中の「五七」幹部学校の歴史に関係するものでもあるし、また「文革」の歴史でもある。この期間の歴史は、私たち二世代の「外経」人の記憶でもある。だから、私たち二世代の人間が共同して完成させるのは当然のことである。

本書は、老「五七」[3]の回想の文章が九篇、小「五七」の回想の文章が一三篇、それに観光局の「五七」幹部学校に関わる回想の文章が一篇、そのほか関連のある文章が十三篇、合計で三十六篇から成り立っている[4]。

老「五七」の回想の文章は、歴史性がいっそう強い。特に老「五七」戦士である程紹義と程飛の二人の文章がそうである。彼らは日記を拠り所にしているので、息県や羅山の「五七」幹部学校の基本的な状況をかなり正確に描写している。もし彼らの文章がなければ、私たちが外経委員会「五七」幹部学校の基本的な姿を描くことは難しかっただろう。今では外経委員会に関する歴史的な档案資料[5]は調査のしようがないし、さらに多くの文献を集めることもできないのだ。だからこの本には、多くの心残りがあり、力及ばぬところがあろうけれど、これが精一杯のことであった。この本は、言わばたたき台であり、後の研究者の踏み台にしてもらうものなのである。

今日、私たちが昔のままに「外経」という歴史的な呼び名を使って、この小冊子に『回想の羅山（外経篇）』という題を付けたのも、ある一時期の歴史の終わりを弔うためである。

歴史は時間と、場所と、人物と事件によって成り立っている。編集者は「年表」[6]の方法でこの歴史の過程に順番をつけた。そして地図上に、外経委員会の河南省息県、羅山、および北京昌平の三か所の「五七」幹部学校の旧跡を示した[7]。また回想の文章の中には人物や、事件が入っているし、さらに「五七」幹部学校の歴史研究に結び付いた文章も入っている。だから私たちのこの構成はかなり完璧なものになっている、と編集者は思っている。もちろん、この小冊子は外経委員会「五七」の歴史研究の締めくくりではない。将来誰かが改訂、補充あるいは批判を行なってくれることを望むものである。

歴史は小説ではない。歴史を尊重するために、原文の出典を尊重した。だから多くの文章は見たところ文学性や読みごたえはあまりない。しかしこのことは欠陥ではないことを、どうか研究者や読者の方々にご理解いただきたい。老「五七」の文章は時間の順に、また小「五七」の文章は年齢の順に並べた。大体このようになっていて、不公平な意図は決してない。何人かの作者の思想的観点は編集者の思想的観点と一致していないかもしれない。しかしこのことは編集者が彼らの真情や実感を尊重することに何ら影響するものではない。

この小冊子の計画準備に何年もかかり、長い間印刷・製作ができなかったのには、客観的な原因があるのだが、また編集者にも原因があった。とにかく、これは、編集者が責任を負うものであり、作者の方々そして関係者の皆様にお詫びを申し上げる！

今年は、外経委員会の「五七」戦士及びその家族が河南省羅山の「五七」幹部学校に到着してから五十周年に当たる。半世紀である。人生に二度とないことである。「文革」中、多くの幹部が下放し労働した「五七」幹部学校の歴史のために、一つの記録を残そうではないか。それは歴史に対する一つの貢献だといえるだろう！

ここに表明しておく。本書の政治、法律および原稿などに関する問題に対しては、編集責任者が責任を負う。

本書の学術顧問である李城外[8]（咸寧）、丁兆林（石嘴山）、方偉（羅山）の三氏に衷心よりお礼を申し上げる！

本書のために原稿を提供し、様々な援助をして下さった先輩や友人たちに衷心よりお礼を申し上げる！

本書の印刷製作に賛助してくださった北京某大学法学院広告研究センター、外経委員会羅山「五七」幹部学校第三中隊の老「五七」戦士である于笑蘭[9]、そして遼寧省丹東市公安局の呂警官などの方々に心よりお礼を申し上げる！

最後に、二〇一八年一一月に逝去された羅山総工会「五七」第二世代の謝君女史に本書を捧げる。

---

1 「部」は、日本の「省」に相当する。

2 「二世代」とは、親（成人）の世代と子供の世代のこと。親の世代を〃老「五七」戦士〃、子供の世代を〃小「五七」戦士〃とも呼ぶ。

3 「五七」幹部学校で労働した人たちを「五七」戦士と呼んでいた。老「五七」は当時成人だった人たち、小「五七」は当時子供だった人たちのことを言う。

4 日本語版では、著作権や紙幅などの都合により、三十四篇しか訳していない。

5 「档案資料」は、所属する職場・機関・団体の人事部門が保管する個人の身上調書のこと。

6 重大な出来事を年代順に記載した資料。記述が豊富な年表、年代記。なお、この本には、程紹義と程飛などの文章に基づいて編者がまとめた「外経委(部)〝五七〟幹部学校　年表」が第一一篇にある。

7 この日本語版では、羅山の幹部学校の本部と第三中隊と、中・小学校の地図しか採用していない。

8 本訳書下巻に、李城外、丁兆林、方偉の発言がある。また、方偉の詞（憶江南・羅山良きところ）が次ページに載っている。

9 「于笑蘭」については、本書第一〇篇を参照されたい。

憶江南・羅山 良きところ（四曲）

方偉[1]

羅山 良きところ、川 その地を抱き、また山もその地を囲む。
雲沸く霊山に鳳凰の飛び、風流れ淮水揺れて春の波を起こす。
仙境 現世に落ちたり。

羅山 良きところ、最も良きは古き城壁の上。
南大橋のたもとに風波立ち、秋に懸かる小黄河の月と雲。
人 最も高き楼にあり。

羅山 良きところ、天（そら）の翠（みどり） 龍崗に満つ。
雲 波に映り、魚 影を弄び、山 花開きて、鳥 その香を口に含む。
風 しなやかにして、釣り糸長し。

羅山 良きところ、幹部学校 城南にあり。
破れ瓦と残れしレンガ 昔の夢を蔵し、山花水草 新しき色を展(つら)ねる。
楽しかりき幼年時代 幾許(いくばく)なりしか。

二〇一八年度『詩刊』陳子昂詩詞賞受賞者
羅山県元文連副主席
二〇一二年作

[1] 方偉(ほう・い)、一九五八年生まれ、河南省羅山県の人。号は濯纓軒主人。羅山県文連副主席。現在河南省詩詞学会副会長、酔根試社社長。詩文集に『濯纓網絡詩文選』など。下巻第一五篇も参照されたい。

序言

江力

一九六六年五月七日、毛沢東が「五七」の指示を出すと、全国の上から下までがみな積極的にその指示に応えた。そのうちの一部の国家機関が私たちの町・信陽の羅山にやって来て、「五七」幹部学校を創設した。しかし時代は変化し、「五七」幹部学校は特別なある時代の歴史的文化となってしまっている。

信陽の羅山という土地は、陳少敏[1]、汪道涵[2]、羅幹[3]、周建南[4]、龍永図[5]、愈平伯[6]、顧準[7]、銭鍾書[8]、何其方[9]など多くの政治や文化上の著名人が足跡を残した所だ。またここは、かつて三十余りの国務院所属の部[10]や委員会、及び省や地区の機関の幹部学校が建てられていた所でもあった。

私は、政治協商会議で働いていた時、各幹部学校の旧跡を訪れて調査した。また研究討論のための座談会を開き、回想の文章や歴史資料も集めて刊行した。そのほか何度も羅山や北京に出向いて、当時の幹部学校の老同志と彼らの子女——すなわち「五七」小戦士を取材した。当事者たちを取材した時には、「五七」戦士たちが羅山に対して片時も忘れないでいる情誼に深く感動したものだ。五十年の歳月も、彼らからこの土地に対する切なる思いと体験の記憶を消し去ることはできなかったのだ。

王耀平[11]氏と彼の友人たちが編集したこの『回想の羅山——外经委「五七」幹部学校の記憶』も、正にこの切なる思いの具体的な展開なのである。これら五〇年代生まれの、十歳前後で父母について幹部学校にやって来た小戦士たちにとって、羅山にいた数年はまさに性格形成の要となった時期である。羅山で過ごした少年時代は、彼らの心に深く刻み付けられ、羅山は彼らの第二の故郷となったのである。

筆者はこれらの小戦士と歳も近い。当時下放してきた幹部たちの到来をこの目で見、彼らとすぐ近くで接触したこともあった。そのような過去の経歴があったので、私は幹部学校に対して多分に感性的認識を持っていた。そして今回調査取材と思考研究をしたことで、幹部学校に対してさらに多くの理性的認識を持つようになった。この再認識は、つまるところ以下のような三点になる。

その一、苦難の歴程。旧ソ連の作家アレクセイ・ニコラエヴィッチ・トルストイ[12]は長編小説『苦難の歴程』という作品[13]を書いたが、そこに書かれているのは旧ソ連の革命戦争と知識分子の思想変遷の過程である。私はこの書名を用いて、この時期を要約したいと思う。

一九四九年以降の思想改造は、不断に進展変化する歴史プロセスであった。後に指導的地位になった知識分子や広範な幹部たちはみな思想改造を受けねばならなかった。例えば文化部の「帝王と宰相」[14]たち、衛生部の「旦那様や奥方様」、国務院の各部各委員会の大小の役人たちは、みな現場へ下りて行って思想改造を受け、貧しい労働大衆と一体にならなければならなかった。当時私は多くの下層社会に下放した幹部の苦難の生活を目にしたし、また幹部学校の牛小屋[15]で労働改造を受ける光景とその難儀も目にした。苦難は、大いなる知恵をもつ強靭な人間にとっては一種の作用する力となる。それは人に深い思考を促し、しかも歴史の進歩を推し進める動力に変わる。鄧小平は江西省で労働に没頭する中で思考することを学び、胡耀邦は潢川の黄湖農場における苦しい農作業の日々の中で、たゆまず学習を続け模索した[16]。だからこそ後の国家の命運に対する変革と改革開放という偉大な実践が生まれたのである。元外経幹部学校の汪道涵はこう言ったことがあった。「私は羅山にいた時が一生のうちで一番たくさんの本を読んだ時期だった」と。

幹部学校の人々やその子供たちが北京からやって来て、羅山にいたのはたった三、四年間のことだったが、羅山に対して深い感情が生まれた。このことからみると、物事には二面性がある。よくないことにもいい面を見なければならないし、暗い気分の時には心中に陽光を見出さなければならない。正に艱難辛苦の中で彼らの成長は促されたのである。

その二、悲壮な叙事詩。北京から来た人たちのうち、ある者は家と仕事を捨て、一人で幹部学校にやって来たが、多くの人たちは子供から大人まで一家をあげて辺鄙な農村の幹部学校にやって来た。それは上から下まで国を挙げての百万人の大移動であった。この大移動はとても困難で、骨身にこたえるものだった。当時の幹部学校は経済上は自給自足の小農経済で、組織管理上は粗っぽい軍事管理であった。集団での食事、集団の居住、集団での労働学習。労働者・農民・兵士が上層機構に入って管理を行なう一方、知識分子や幹部は社会の下層へ行って労働し鍛錬した。これは当時「あのお方」[17]の修正主義を防止し修正主義に反対するという判断であり、彼の構想する理想社会の青写真であった。政権掌握後を非常に重要視した共産党は大衆と密接に結びつく必要があった。なおかつそれは激しく持続的でなければならなかった。そこで、国家機関と党内に存在する官僚主義的風潮と官僚化の傾向に対し妥協することなく反対した。それによって、党と政府機関の幹部が、社会の公僕から社会の主人へと変質することを防ぎ、ついには幹部学校を建設するという措置に及んだのである。幹部と知識分子に対して再学習、再教育、再改造を行なうと同時に、幹部学校を、次第に分業をなくす社会構造に作り上げ、それによって自然経済思想が商品経済に取って代わるようにした。また、次第に商品経済をなくす社会を作り上げ、さらに三大差別[18]のない平均主義の社会を作り上げ、強制的な運動というやり方で、社会発展を推し進めようとした。

実際の結果は、社会発展と経済法則に反していたために長く続かず、繰り上げて終わらざるを得なかった。このような革命的試みは、主観的動機と客観的現実の間に非常に大きな開きがあった。これは苦痛に満ちた模索であり、また歴史上の悲壮な一篇の叙事詩でもあった。

その三、重厚な文化。知識分子たちの人格の力は、国家機関の幹部学校においては一種の文化として体現された。特定の歴史上の時期において、劣悪な環境の下で、社会が彼らに対して不公平だった時、下放された幹部たちは運命の不公平に恨みを言うこともなく、苦しみに溺れて抜け出せないということもなかった。知識分子たちが長年にわたって作り上げてきた人格教養と自己反省によって、彼らは自らの力を尽くし誠実に自己改造を行なったのである。どんな状況の下でも、彼らは強い責任感を胸に抱き、地に足をつけた不撓不屈の精神を持っていた。例えば、植え付け、耕耘、家の建築、野菜の水やりなど大きなことも小さなこともすべて真面目にやり、絶えず向上を求め、科学的精神を重んじ、大家の風格を見せつけた。彼らのしたことは取るに足らない農村での小さなことのように見えるが、しかしそこには人格の輝かしい力量が映し出されていた。これらはみな重厚な文化の蓄積の表れであり、幹部学校の文化人たちの精神価値でもあった。同時に彼らは、辺鄙な地にあり、経済も文化も立ち遅れたこの地に、文化の種をもたらし広めたのだ。

幹部学校メンバーの到来はこの文化的に貧しい農村を潤した。例えば現在国内の画壇でよく知られている大別山派の画家グループが形成されたのは、「全国総工会」幹部学校の王鴻（『工人日報』社美術編集者）たち教師が羅山で力を傾けてはぐくみ育てたおかげである。また羅山の英語教育の成果が目覚ましく、遠くまで知れ渡っているのも、かつて周恩来の通訳を務めたことのある李道揆（社会科学院学部委員、アメリカ政治問題研究の専門家）など多くの専門家や高名な先生が、直接教師を育成し、学生に授業した結果である。彼らはこの機会を非常に大切にし、自身の学問や技能をおろそかにしなかっただけでなく、文化や知識を伝え広め、羅山の教育のために重要な貢献をした。さらに彼らの言行と都市文化気質もまた当地の文明進化に対して目に見えない促進作用をもたらした。経済建設プロジェクトにおいては、さらに多くの貢献がなされた。

ここまで述べてきて、私は老楊絳女史の『丙午丁未年実録』の中の次のような一文を思い出した。「黒雲が空を覆っていた歳月は回顧するに堪えない。それは私の記憶の中に留まり、容易に拭うことができないが、それは光と熱を含みもった金の縁飾りだったのだ」。

王耀平氏は著名な「五七」小戦士である。著名なと言ったのは、単に彼自らが幹部学校への下放体験者であるだけでなく、「五七」幹部学校に対する色濃いコンプレックスを持った研究者で伝播者だからである。彼は文化財級の長安社のワゴン車「蝸牛天下」号を一年中運転して、風を食し露を褥とし、雨の日も風の日も休まずに旅をしている。私たちが知り合ってこの十年、苦労をいとわず、北京と羅山を何度も往復する彼の姿を見てきた。幹部学校の跡を調査し、旧友を探して交流し、資料を収集整理し、北京にいる小戦士たちを組織して羅山を再訪し相集い、『羅山条約』など多くの回想的な文学作品や文章を書いた。また羅山県政治協商会議の学習会において幹部学校をテーマにして講義をした。とりわけ「五七」戦士羅山下放五十周年に際しては、『回想の羅山——外経委〃五七〃幹部学校の記憶』を編集し記念とした。正に枚挙にいとまのないこれらの実績により、彼は幹部学校文化研究における地位と影響力を確立したのである。

この世代の人々にとって、この本は消し難い記憶であり、複雑で深い感情を凝集したものであり、貴重な歴史資料集であり、さらには心血を注ぎこんでできた結晶である。本ができると、耀平氏は私に序文を書くように求めてきた。この重責を担うには私には経験も文才も不足している。しかしかつての羅山県政治協商会議の責任者として、また幹部学校文化研究の熱心な関係者として、「命に従うのが最上の敬意である」というから[19]、筆を執って二三書いた次第である。

二〇一九年三月一五日　杭州謙石居にて

江力（こう・りき）：一九五八年生まれ、河南省潢川の人、元河南省羅山県政治協商会議主席。

1 陳少敏（ちん・しょうびん）、女性。（一九〇二―七七）。山東省寿光の貧しい農家に生まれる。一九二八年入党。三八年六月洛陽特別委員会書記、河南省委員会組織部長兼豫鄂遊撃隊政治委員など。「女将軍」として有名になる。四五年以後、全国紡織工会主席、中華全国総工会党組副主席など。

2 汪道涵（おう・どうかん）、（一九一五―二〇〇五）。安徽省明光市生まれ。一九三八年入党。四五年以後、第一機械工業次官、対外経済連絡次官、上海市市長（一九八一年四月―八五年七月）など。九一年海峡両岸関係協会会長（二〇〇五年一二月まで）。八五年江沢民を上海市長に推挙した。

3 羅幹（ら・かん）、（一九三五―）。山東省済南市生まれ。中共中央政治局常務委員（序列九位）、中央政法委員会書記。一九五四年旧東ドイツに留学。六〇年入党。六九年から一年間五七幹部学校に下放。復活後、河南省副省長、党委員会書記。全国総工会副主席、労働部部長。国務院秘書長、国務委員、十五期中央書記処書記、二〇〇二年政治局常務委員。二〇〇七年の一七全会で退任。李鵬の総理時代に国務院秘書長を務めた九人の常務委員のうち唯一の李鵬派だった。

4 周建南（しゅう・けんなん）、（一九一七―九五）。江蘇省宜興の人。中華人民共和国第一機械工業部部長。一九三七年国立交通大学電機系に学び、延安に行く。元の中国銀行行長周小川の父。

5 龍永図（りゅう・えいと）、（一九四五―）。湖南省長沙の人。元、国家外経貿部副部長。復旦大学国際関係及び公共事務学院院長。貴州大学外語系、ロンドン政治経済学院卒業。一九七九年入党。現在、全球ＣＥＯ発展大会連合主席、中国及び全球化智庫（ＣＣＧ）主席、中国服務貿易協会顧問。第九篇参照。

6 兪平伯（ゆ・へいはく）、（一九〇〇―九〇）。原名兪銘衡、字平伯。浙江省潮州の人。江蘇省蘇州に生まれる。兪樾の曽孫。一九一九年北京大学を卒業。中国革命民主同盟に参加。新紅学の開拓者。主著に『紅楼夢辨』、『唐宋詞選釋』『兪平伯全集』など。

五四年三月に「紅楼夢簡論」を『新建設』誌に発表。李希凡と藍翎が異議を唱え批判が始まり、五五年三月の『文芸報』に自己批判する。六九年十一月、妻許宝馴と共に河南の幹部学校に下放する（七一年一月まで）。

7 顧準（こ・じゅん）、（一九一五―七四）。字哲雲。上海の人。経済学者、歴史学者。祖籍は蘇州。父の姓は陳。一九三〇年代会計学者として有名。五六年経済研究所研究員。五七年右派となる。六二年経済研究所に戻る。六五年精華大学で「現代マルクス主義研究会」を作る。これが反動的小集団とみなされ迫害を受ける。妻汪璧も離婚を迫られ、六八年四月自殺する。八〇年名誉恢復。弟陳敏之との通信「従理想主義到経験主義」（八九年）が出版される。社会主義市場経済を提唱したことで有名。

8 銭鍾書（せん・しょうしょ）、（一九一〇―九八）。江蘇省無錫市に生れる。父は銭基博。妻は下文に名前が出てくる楊絳。一九三三年清華大学外文系を卒業。三八年清華大学教授。七つの言語に精通していたと言われる。主著に『囲城』、『談芸録』、『管錐編』など

9 何其方（か・きほう）、（一九一二―七七）。四川省万県の人。詩人、批評家。一九三五年北京大学哲学科卒業。三八年延安に行き、入党。四二年の文芸座談会に参加。四五年以後、『人民文学』編集委員、科学院文学研究所所長。詩集『夜歌』、散文集『刻意集』、文学評論集『星火集』、『文学芸術の春』など。七九年に『何其芳選集』が出される。

10 「部」とは、中央政府の行政機関の名称。日本の省庁に相当。

11 王耀平（おう・ようへい）。一九五八年遼寧省安東市に生れる。一九六九年一一月母の勤める対外経済連絡委員会に従って河南省羅山の「五七」幹部学校に行く。二〇一〇年長編小説『羅山条約』を人民文学出版社から出版。本書の代表編集者である。「編集代表者」の欄も参照されたい。

12 アレクセイ・ニコラエヴィッチ・トルストイ、(一八八二―一九四五)。二〇世紀前半のロシアの作家。トルストイ伯爵家の貧乏な分家に生れたので「伯爵同志」と綽名された。専門はＳＦと歴史小説。一九四一年のスターリン賞の『ピョートル一世』、一九四三年スターリン賞の『苦難の歴程』、『アニエータ(火星に行った地球人)』、『おおきなかぶ』など。

13 日本では次のような訳本が出ている。富永順太郎訳『苦悩の中を行く』(一九二六年、文化学会出版部)。原久一郎訳『苦難の路』(一九三二年、改造文庫)。昇曙夢・富永順太郎訳『苦悩の中をゆく』(一九五〇年、民主評論社)。原卓也訳『苦悩の中をゆく』(一九五七年、新潮文庫)。小沼文彦訳『苦悩の中をゆく』(一九五七年、角川文庫)。

14 次の「旦那様や奥方様」と同じく、文革中の高級幹部を批判する言葉

15 「牛小屋」とは、ここでは牛鬼蛇神と言われた批判や打倒の対象者を押し込めた小屋のこと。

16 鄧小平は妻卓琳とともに一九六九年一〇月から七三年二月まで江西省新建県のトラクター部品工場で労働改造をした。胡耀邦は六九年五月から七二年秋まで河南省潢川県黄湖農場の五七幹部学校で労働改造をした。

17 「あのお方」とは、毛沢東をさす言葉。

18 「三大差別」とは、①都市と農村、②労働者と農民、③精神労働と肉体労働、この三つの差別を言う。マルクスは一八四四年の『共産党宣言』の中で、都市と農村の対立を積極的に解消するのが労働者階級の課題だと述べた。

19 原文は「恭敬不如従命」で、あくまで遠慮するよりは、主人の仰せに従って、ものを頂いた方が良いという意味の言葉。客が何かを遠慮なく頂くときの常套語。

凡例

- この訳本は、『回望羅山―「五七」幹部学校的記憶（外経篇）』を訳したものである。『回望羅山』という本は、二〇一九年五月七日に対外経済連絡委員会「五七」幹部学校歴史研究資料匯編として五百冊出版されたものである。編集者の代表である王耀平氏より出版の許可を頂いた。
- 原本の全三十八篇のうち、版権や印刷及び紙幅の都合により四篇を削除し、三十四篇を訳出した。
- 本文中の括弧は、原文にあったもので、訳注はすべて各篇の文末にした。
- 人名には、傍線を引いた。「老〇」「小〇」も敢えて訳さず、そのままにした。
- 多くの人物が出てくるが、そのほとんどが未詳である。そういう時は注を付けていない。

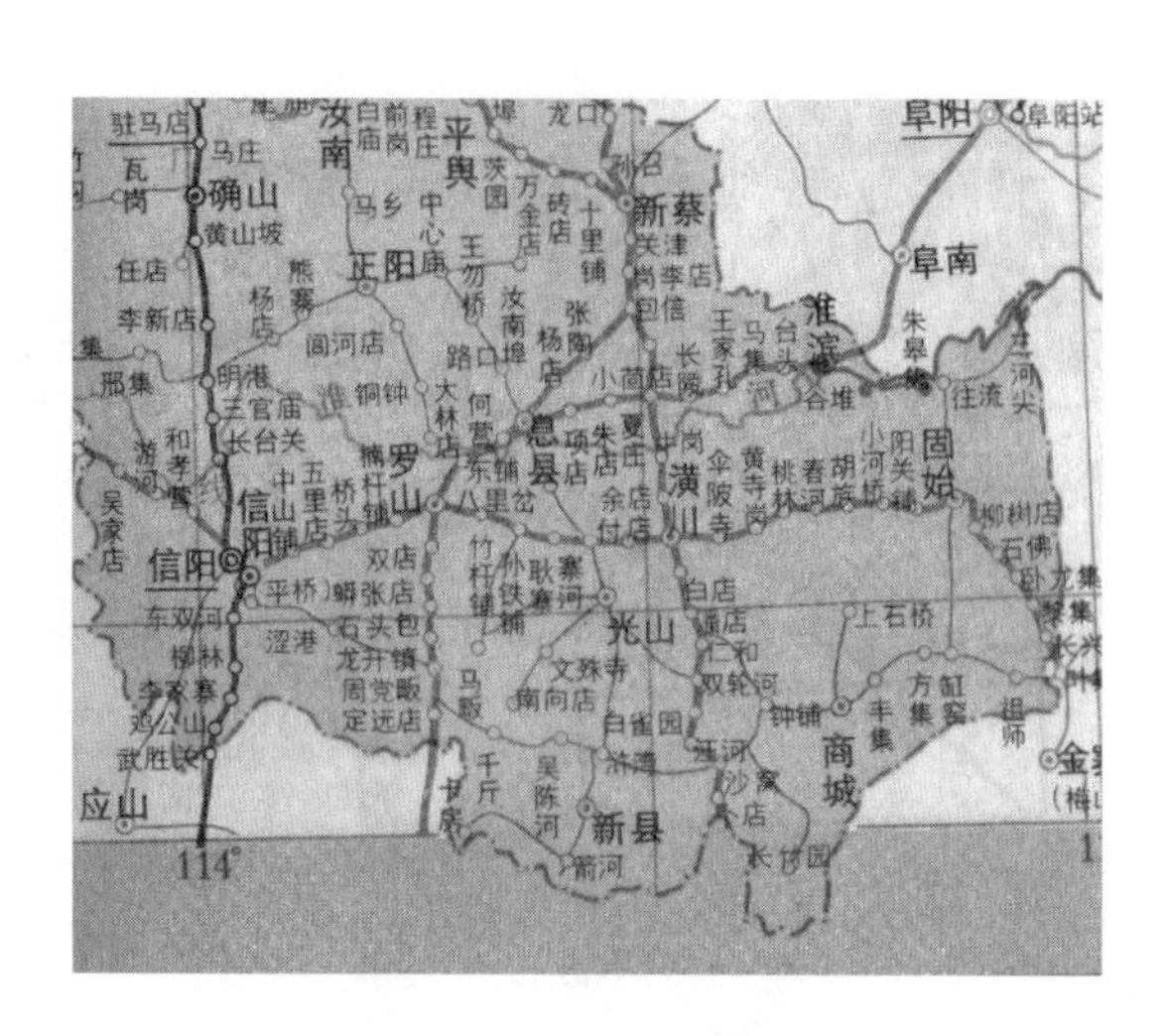

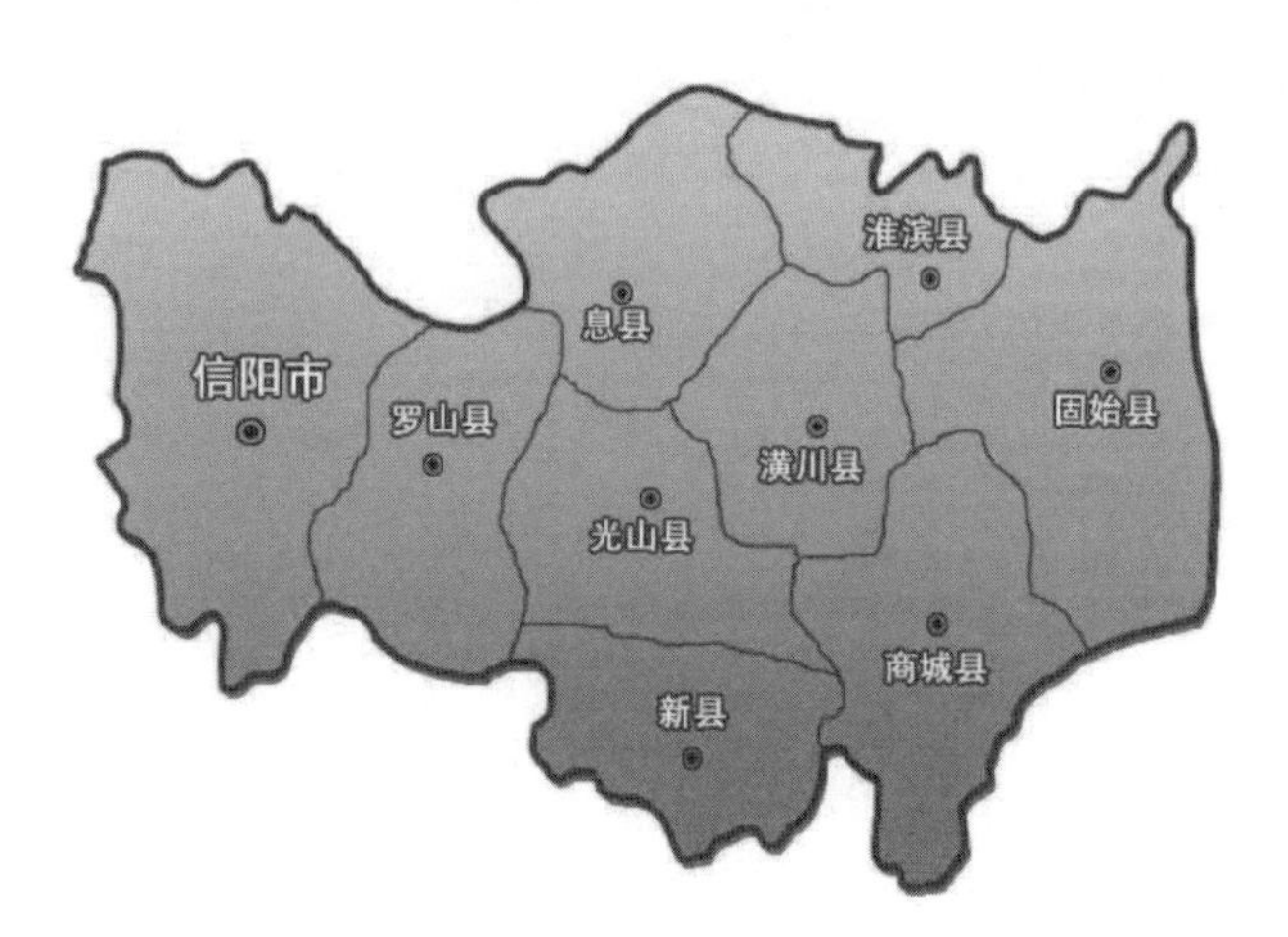

河南省南部の地図（西から信陽市、羅山県、息県などが見える）

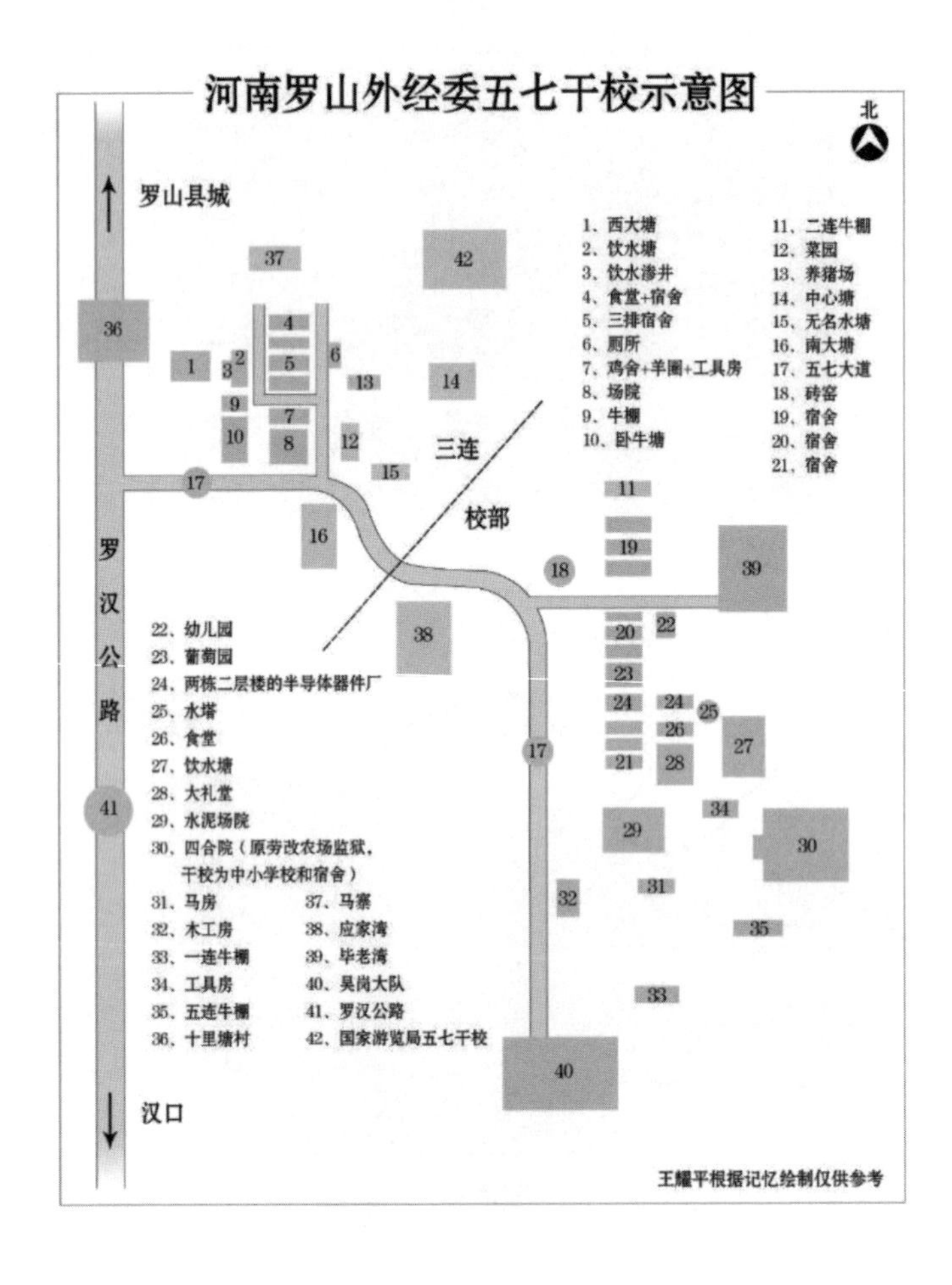

羅山外経委「五七」幹部学校

見取り図

第一篇　息県と羅山、二か所の幹部学校の記憶

程紹義

早朝起きて農衣を整え、
　息子我が手を引き、娘我が肩を抱きて階下に送る。
この旅はいずこへと問えば、
　父の手は遥か南の空を指さす。
労働者農民を師として我は学生になり、
　田園に学校を建てわが家とす。
魂の奥深くに革命を起こせば、
　全世界に広がり中華を見守る。[1]

「五七」幹部学校という、この中国現代史上独特の事物は、かつて一時盛んに流行ったものでした。月日は過ぎ、世の中は移り変わり、すでに五十年以上が過ぎました。今この時、あの平凡ならざる歴史をふりかえると、気持ちは高ぶり、その時のことがありありと目に浮かびます。

一九六八年一〇月五日、『人民日報』は、黒龍江省革命委員会が慶安県柳河農場で「五七」幹部学校を運営した経験を発表し、併せて次のような毛主席の指示も発表しまし

た。

「広範な幹部たちが下放労働をすることは、幹部にとって新たに学習し直すための素晴らしい機会である。老人、弱者、病人、障害者以外はすべてこのようにすべきであり、現職幹部も、グループに分かれて下放労働に従事すべきである」。

毛主席のこの指示が発表されると、北京中が沸き立ち、多くの大衆がドラや太鼓を打ち鳴らして街を練り歩き、スローガンを大声で叫び、最高指示を断固として支持すると表明しました。そしてすぐさま、全国各地に「五七」幹部学校が続々と作られていきました。私たちの外経委員会も呼びかけに積極的に応え、河南省息県に最初の「五七」幹部学校を作りました（後に羅山に移転しました）。

外経委員会では軍事管制組が主宰して、一一月一九日に第一回幹部下放労働動員大会が招集され、幹部たちに自主的に登録するよう求めました。私は毛主席の指示に対しこれまでずっと積極的に応え、先頭を走っていたので、今度も直ちに登録し、すぐに軍事管制組の承認を得ました。

出発前の数日間、私は幼稚園に上がっている息子の小岩を家に連れて帰り、数日一緒に過ごしました。また天安門に行って家族揃って写真を撮り、さらにレストランに行ってお別れの食事をしました。私の出発後、長男の程鵬と長女の程霖は中学を卒業し、どこへ行くかわからないと思ったので、前もって彼らのために洋服を作ってやりました。すべての準備は長い目でじっくり方法を考えた上のことでした。なぜなら今後私たちはどこへ行くのか誰にもわからなかったからです。

一九六八年一一月三〇日、役所は「五七」戦士の送別大会を開催し、それぞれに毛主席バッジが三枚ずつ贈られました。一二月三日午前一〇時、私たちは汽車に乗り、北京を離れ、河南省信陽を目ざしてまっしぐらに進んで行きました。当時私たちのことをふざけて「六八一一」部隊と呼んだ人もいました。[2]

息県に着いたばかりのころのこと

私たちは一二月四日、河南省信陽からトラックに乗って息県の町にやって来ました。町には数千人の人が出て、道の両側に並んで私たちを歓迎してくれました。スローガンを叫ぶ声と爆竹の音が空高く響き渡りました。夜には、幹部学校の所在地で、この地の革命大衆がまた歓迎大会を開いてくれました。みな温かく友好的で、非常ににぎやかでした。繰り返し騒がしくやって、夜の一一時頃になってやっと休むことができました。

私たちの「五七」幹部学校は河南省息県の孫廟人民公社の新荘という所に作られました。ここは見渡す限りの平野で、土地は肥沃で物産が豊富、一本の幹線用水路が息県を横切って通り、自然条件に大変恵まれていました。しかし三年の自然災害の時に共産風[3]が吹いたため、ここでも一部の人が餓死し、人家はまばらになり、土地は荒廃しました。県組織に属する一部の人たちがこの地に農場を創設しました。私たちは正にこの農場の基礎の上にありました。この農場を接収し、外経委員会「五七」幹部学校を作ったのです。

幹部学校の施設条件はとてもひどいものでした。土を固めて作った粗末なひと間の家に、私たちは十人で一緒に住みました。寝るのは行軍ベッド[4]で、草の屋根は方々から風が入り込み、窓はありませんでした。家にドアもなかったので、私たちは自分たちで草のすだれを作って表に掛け、風を防ぎました。寒くなると、私たちは出入り口の内側に泥を積み上げて暖炉を作り、石炭で暖を取りました。けれども煙突がなかったので、煙にいぶされ、湿っぽい壁から麦が芽を出したりしました。

数日たって、大雪が降りました。一晩の間に雪の深さは五十センチにもなり、入り口が塞がれ、朝起きてみると入り口のすだれを引き上げることができなくなっていました。すぐにまた細かい雪が降りだしました。木の幹と電線はアイスキャンデーのようになり、どんどん太くなっていきました。電線は重みに耐えられず、すぐに何本かの電柱が引っ張られて倒れ、電線も切れてしまいました。私たちは外界との連絡を絶たれ、車は入って来られず、私たちも出て行くことができず、生活は大変困難な状況に陥りました。

また数日が過ぎ、役所が手配した三台の車が上海から生活物資を満載して息県に到着しました。息県から幹部学校までは自動車道路がなく、雪と泥がまじり合った道だったため、車輪が滑り、トラックは地中にどんどん深くはまって、抜け出すことができなくなりました。私たちは夜中に起きて車の荷物を下ろし、物資を運び、それからまたトラックをぬかるみから引っ張り出しました。

空が晴れて、私たちが最初にやった任務は、自動車道路を作り、排水溝を掘ることでした。一か月の奮闘の結果、ついに外界に通じる道路が出来上がりました。それからやっと田んぼを手入れし、種を準備し、苗を育て、田植えをし、稲を栽培し始めたのです。

貧しい人々を訪ね苦難の話を聞くこと

幹部学校の学員は、労働に参加し、革命的大批判[5]を展開し、自己革命を行なうほかに、自分たちから行くか、来てもらうかして、貧農・下層中農が行なう階級の授業を聞き、彼らによる再教育を受けなければなりませんでした。

ある日、私たちは近くの呂荘を訪れ、村の幹部に昔と今を比べて回想し、階級闘争について話してくれるよう頼みました。この村の会計係は私たちにこう話しました。

この村には十二戸の家があり、五十数人が住んでいます。そのうち二十八名が労働力で、四〇〇ムー余りの畑を耕作し、一ムー当たり二〇〇斤の小麦が収穫できます。毎年一人当たり二四〇斤の食糧を残し、国家に納める穀物は五〇〇〇斤です[6]（ノルマは六〇〇〇斤）。労働点数は一点当たり七厘で、各人毎日十五点です（換算すると七分五厘になる。編集者注：計算に誤りがあるだろう）。年間を通して分配金がないので、自分で豚や鶏を飼育して金に換え、油、塩、味噌、酢などを買っています。生産隊全体の毎年の収入は二〇〇元です。中学生はおらず、電話もなく、新聞もなく、ラジオもなく、有線放送もありません。ですから毛主席の最新指示も聞くことができず、時々外の町へ出かけたり、道行く人が話すニュースを聞いたりする位で、詳しい内容はわかりません。

これが彼の語る「現在の幸せをかみしめる」でした。彼は「苦しかった過去を思い起こす」ことはしませんでした。私は彼に旧社会ではどんな生活だったのかと尋ねました。けれど彼は避けて答えませんでした。なぜなのか、私にはわかりませんでした。ただ私は、解放後十年以上たっているのに、農民はまだこのように苦しい生活を送っているのだと思いました。これは、本当に思ってもみないことでした。

幹部学校に戻ると、みんなで貧農・下層中農から再教育を受けた収穫と体験について語り合い討論しましたが、私はプラス面から理解しただけでした。貧農・下層中農の苦労を目にしたからには、私たち幹部学校の生活はもう辛いとは思いませんでした。一時のことだという考えを克服し、党が要求する通り、心を落ち着けて幹部学校で労働するべきなのです。

数日後、軍事管制組のメンバーが、「解放前の苦しい生活を思い出すための食べ物」をみんなで食べようと呼びかけ、食堂では私たちのために糠のウォトウ[7]を作りました。食べにくかったけれど、それでも無理やり飲み込みました。食べながら、「階級の苦しみをしっかり記憶し、今日の幸せを忘れないぞ」と唱えていました。

炊事場の糠のウォトウは、一度の食事では食べきれず、次の食事の時、炊事班の同志たちは、みんなには飯を盛りましたが、自分たちは残った糠のウォトウをまだかじっていました。彼らこそ私たちの教師でした。彼らの姿に感動して、私も糠のウォトウを一つ手に取って食べ始めました。

一二月二六日は毛主席の七十五歳の誕生日でした。朝食の前にはいつも通り朝の指示を仰ぎ、夕食の前にはいつも通り夜の報告をしました[8]。みんなはきちんと整列し、紅い宝の本すなわち「毛主席語録」を取り出し、声をそろえて「毛主席語録」を読み、そのあと食事をしました。この日は夜の報告のあと、生活改善がありました。毛主席の誕生日を祝って、大きな肉まんじゅうが出されたのです。私は一度に八個も肉まんを食べました。これがつまり苦しかった過去を思い起こすことであり、また今の幸せをかみしめることになるのでした。

一九六八年一二月二七日、その日は毛主席七十五歳の誕生日の翌日でもあったのですが、我が国初の水爆実験が行なわれました。みんなは雨を衝いて近所の村へ行き、宣伝活動を行なって、またひとしきり賑やかにお祝いをしました。

ある日、私たちの「五七」幹部学校では貧農の老人杜彦明同志を学校に招き、「苦しかった過去を思い起こし、現在の幸せをかみしめる」報告をしてもらいました。以下は彼が語った話の抜き書きです。

「おれの家は旧社会じゃあ、上には一片の瓦もなく、下には針を刺すほどの土地もないという有様だったよ。おれのおとぅは一九四二年に飢え死にし、おっかぁは三歳の妹を他人にやっちまった。おれの姉さんは十二歳で童養媳[9]にさせられた。朝早く舅と姑のために尿瓶の尿を捨てるんだが、重くて持ち上げられない。それで縄を使って尿瓶を自分の首にくくり付けるんだ。けど、うっかり転んで尿瓶を割っちまったもんで、舅と姑がとんできて姉さんをなぐろうとした。姉さんは素早く逃げようとしたけれど、舅と姑に髪の毛をつかまれ、髪は抜けちまったんだ。その後病気になって死んじまったよ。兄貴は国民党に捕まえられて兵隊にされないように、おとぅに頼んで足を折ってもらったんだ。おっかぁはおれと兄貴の手を引いて乞食をしたよ。おれは八歳で地主のために畑仕事をし、冬になって畑仕事のないときは乞食をした。昼間は乞食をして、夜には貧農の家の藁塚の中で寝るんだ。おれは地主のために一年働いて、綿入れを一枚もらった。家にもどったら、この村の地主がそれを見て、お前の家は地主に納める食糧を納めていないと言って、おれの綿入れを取り上げてしまったんだ。家族みんなで泣いたよ。冬には体に藁をくくり付けて寒さをしのぐしかなかった、方々で物乞いをしたから、三十里以内の者はみんなおれが杜の者だって知っていた……どうして旧社会ではつらい目にあわされるんだ？　地主は運命だと言いやがる。ってことは地主や富農の運はよくて、貧農の運は悪いってことかい？　大砲が一発鳴り響き、毛主席の部隊がやって来て、おれたち貧農・下層中農は解放されたんだ。おれたちが家を切り盛りする主人になったんだ。地主や富農を打倒し、土地改革を実行し、人民公社を作り上げ、貧農・下層中農が政権を握ったんだ。おれたちには食べるものもあるし、着るものもある。もう地主や富農、国民党の圧迫を受けることはなくなった。その唯一の原因がこうだ。つまり、むかしは国民党の蒋介石が権力を握っていたから、権力は地主と富農の手にあった。だけど、今は共産党が指導する人民民主独裁になったから、貧農・下層中農が権力を握ったんだ。毛主席がおれたちの後ろ盾になってくださるということだ」。

最後に彼はこう締めくくりました。

「おれは旧社会じゃ一番、一番苦しかった、だけど新社会では一番、一番幸せだ。この幸せは、恩人の毛主席がおれたちに与えてくださったもんだ。おれは死んでも忘れない、おれは永遠に毛主席についていく」。

杜彦明同志の語る「一番苦しい」と「一番幸せ」にこそ弁証法的ロジックがありました。なぜなら旧社会で一番苦しかった人だけが、新社会の幸せを一番体得できるのです。そして旧社会の階級苦を忘れない人だけが、今日の生活の幸せを体得することができるのです。

この貧農・下層中農が私たちにした政治講義の中で、次の言葉が最も強い印象を残しました。それは「おれは旧社会じゃ一番、一番苦しかった、だけど新社会では一番、一番幸せだ」という言葉でした。この中で彼は「一番」という言葉を四回使っています。ある時、私たちは彼の家を訪問したことがありましたが、私はびっくり仰天しました。彼のすべての財産といえば掛け布団一枚、敷布団一枚、鋤一本、鍬一本、たったこれだけだったのです。もし彼が旧社会では「一番、一番苦しかった」と言うなら私はそれを信じるでしょう。けれどこの貧農・下層中農の暮らしはこんなにお粗末なのに、彼はどうして自分は新社会では「一番、一番幸せだ」と言うのか、私は心の中でいぶかしく思いました。何度も考えましたが、わかりませんでした。さらにいろいろ考えて、次のような理屈を思いつきました。リンゴは食べると甘いけれど、フルーツキャンディーを食べてからリンゴを食べると、リンゴは少しの甘みも感じられなくなります。私たち北京の幹部についていえば、私たちの生活水準はこの貧農・下層中農の生活水準と比べるとずっと上です。だから彼らの生活水準を見ると、それが苦しいものに思えるのでしょう。道理はここにあったのです。なるほど、一番幸せという生活感覚は、一番苦しいという生活感覚と比較して生まれたもので、昔日の苦しみを思い出して、初めて今の幸せを体得できるものなのです。この貧農・下層中農は、旧社会では上には一片の瓦もなく、下には針を刺すほどの土地もないという境遇でした。一日中母親に付いて乞食をして暮らしていたのです。けれど今彼には住む家があり、食べるものがあり、着る服があり、耕す土地があるのです。どうして彼が幸せを感じないことがあるでしょうか？

マルクス主義も毛沢東思想も大衆の理論です。私たちが多くの言葉を費やしてもうまく語り切れなかった事柄を、貧農・下層中農はほんの数語の生き生きした言葉ではっきりと語り、人をはたと納得させたのです。

農業労働のこと

貧農・下層中農による再教育を受ける手段と方法としては、貧農・下層中農に来てもらって講義を聞いたり、私たちの方から貧しい人々を訪ねその苦しみを聞いたりするだけではありませんでした。実際は私たちが貧農・下層中農の人々と日常接触する中で教えられることの方が多かったのです。

「麦わらと柔らかい泥＝混ぜにくい（やりにくい）」ということわざがありますが、確かにその通りでした。私たち同志は鉄のシャベルを使って泥をこね、壁を作っていましたが、柔らかい泥と麦わらはこねるのがとても大変で、骨が折れました。ちょうど苦労して泥をこねていた時、一人の貧農・下層中農の老人が通りかかりました。彼は近づいてきて挨拶し、私たち青白いインテリたちをみると、何も言わずにすぐ靴を脱ぎ、泥の中に入って踏み始めました。一人の同志が「おじいさん、寒くて凍えますよ。関節炎になりますよ」と言いました。するとこの老人は平然と笑って「寒くなんかねえさ、おれらはみんなこうやるのさ」と言いました。本当にその通り、はだしで踏む方が鉄のシャベルで混ぜるより速くてむらがありませんでした。このおじいさんは本当に寒くなかったのでしょうか？　一二月末といえば、夜にはもう氷が張ったし、昼間でもとても寒いのです。私たちが肉体を持つ人間なら、おじいさんだって同じ肉体を持つ人間、何の違いもありません。ではどうして私たちは寒いと感じるのに、おじいさんは寒くないと言うのでしょうか？　違うのは天気でもなければ、人の肉体でもない。その違いは人の精神状態にあるのだ、と私は思いました。

三九の期間[10]には、地上が凍り付き、夜、私たち隊員[11]は布団の中で息を吹きかけながら寒い寒いと叫んでいました。けれども貧農・下層中農の人たちは朝早く、私たちが起き出さないうちに、天秤棒を担いで私たちの炊事場に豆腐を届けに来てくれました。彼らは足に靴下も履かず、服もとても薄いものでしたが、遠路を急いでやって来たので、頭には汗をかいていました！　彼らはいつ豆腐を作ったのでしょう。当然夜の間です。彼らはどうして寒さに強いのでしょう。それは彼らの仕事ぶりには元気があふれているからでした。彼らはどうして夜も休まず私たちのために豆腐を作るのでしょう、それは彼らが、幹部を下放労働させるという毛主席の最新指示を擁護し支持しているからでした。

私たちが幹部学校に来る前、今幹部学校のあるこの村では、貧農・下層中農の人たちが私たちのために三十八部屋分の住まいを明け渡し、自分たちは隣村に引っ越して行ったのです。ある者は他人と一緒に一つの家に住み、ある者は牛小屋に住みました。しかも明け渡した家はきれいに掃除し、さらに単独の炊事場まで作ったのです。これはどうしてなのか？　それは私たちが彼らにとって人間に変わったからで、彼らの教育を受ける学生に変わったからなのです。

私たちの幹部学校は田畑が連綿と続く中にあり、外に出るには曲がりくねった小道を通らねばなりませんでした。数日間雨や雪が続くと、道路はぬかるみ、幹部学校のメンバーは外に出ることもできず、また外から入って来ることもできませんでした。人民公社の社員が米や小麦粉、商品を届けてくれ、私たちの焦眉の急は解決することができました。彼らは私たちに対して至れり尽くせりの配慮をしてくれたのでした。

上海から幹部学校に補給物資を運んで来た車が、道路の泥の中に落ちた時には、人民公社の社員たちが稲わらを敷き、縄を手にして車を引っ張り出してくれました。道端に降ろした物資の箱は、一つも減ることなく私たちの住んでいる場所に届けられました。天気が良くなると、私たちが最初にした任務は、自分たちの手で道路を作ることでした。この時、人民公社の社員たちは銅鑼をたたき、太鼓を打ち鳴らして応援してくれました。私たちは一つの家族になったのです。

貧農・下層中農の中には子供から大人まで、私たちが学ぶ値打ちのあるお手本となる人々がたくさんいました。呂荘の会計係呂能走の子供は、七歳でしたが、すでに一人前の牛飼いでした。けれども私たち町の七歳の子供なら、親牛を見ただけで怪物だと思って逃げて行ったでしょう。

李廟大隊の社員たちは春節の時期、雪を冒して私たちの幹部学校に来て、慰問公演をしてくれました。雪はひどく降っていましたが、彼らはそんなことには屈しませんでした。私たち幹部学校の宣伝隊も、三日後雪を冒して答礼の訪問公演に出かけました。彼らの精神が私たちにも感染したのです。

孫廟人民公社へ行って、だれか一人貧農・下層中農の社員に私たち幹部学校に来て報告をしてほしいと要請したことがありました。するとこの社員は来る道中雨に濡れ、綿入れのズボンが凍ってしまったにもかかわらず、いつものように元気はつらつとみんなに報告をしてくれたのです。けれどこの社員に同行して戻ってきた幹部学校の学員は、急いで服を乾かし、食事に行ってしまいました。他人が、服が濡れていることも、腹が減っていることも厭わず私たちに報告をしてくれているのに、私たちの方はどうして濡れた服のままで、腹をすかしたまま報告を聞くことができないのでしょうか？

大晦日、私たち七班の学員は、夏荘へ貧農・下層中農の人々に新年のあいさつをしに行きました。中に入ると、なんとまあ、テーブル一杯に大皿や碗に盛られたたくさんの御馳走が並んでいるではありませんか、そして私たちを押したり引っ張ったりして、何としても年越しの食事をして行けと言うのです。どうする？　食べるか食べないか？　いやだめです、これは規律です。けれど貧農・下層中農の人は激昂して言いました。「貧農・下層中農の飯は食わないって言うのか？　じゃあ誰のだったら食べるって言うんだ？」ここまで言われて、これ以上辞退するのはよくないので、形だけ少し頂きました。これが階級感情なのです！

息県「五七」幹部学校では私たち五名の処長で水田の水管理組を作りました。私がその組長をすることになり、水田の用水路を管理する仕事を受け持ちました。私は一方で水田を管理し、一方で幹線用水路の放水分配問題について、付近の村民と調整せねばなりませんでした。

各村の間では水が原因でいつも争いごとが起こっていました。もうすぐ田植えが始まるので、誰もが給水を必要としていました。誰に先に給水するのか、その順番でいつももめていたのです。私たち幹部学校も田植えをしなければならず、すぐに水を必要としていました。そこで私は隣村の水管理の支部書記を訪ねて行きました。彼の家に行くと不在で、会議のために外出しているとのことでした。村の事務所に行くと、そこにもおらず、給水問題を検討するために田んぼに行っているとのことでした。そこで、私はまたすぐ後を追って田んぼに急ぎました。すると大勢の人が支部書記を取り囲み、しきりに言い争っているではありませんか。どの村も緊急に給水が必要な差し迫った状況のようでした。私は自分の所に水をもらうことは多分望み薄だろうと思いました。けれど、思ってもみないことに、私が幹部学校でも田植えのために水が必要だと言うと、各生産隊のリーダーたちは直ちに言い争いを止め、そろって、まず幹部学校に放水してあげよう、水が必要な時には、いつでも放水してあげると、私たちに特別な配慮をしてくれたのです。彼らのこのような私心のない支援に、私は大いに教えられ、感動させられました。

後に、私たちは隣村と共同で調整組を作り、共同で用水路の水管理問題を検討しました。私は間に立って、調停の役割を果たしました。幹部学校の水田の用水も保証しなければならず、周辺の村とよい関係を作ることもしなければなりませんでした。

「コメの飯を食べたきゃ、絶えずあぜ道を歩き回らにゃならない。水路はもっと歩かにゃならないし、雨の日ならなおさらだ」。「あぜ道を破壊する四大有害生物は、タウナギ、ドジョウ、オケラそしてカニだ」。こんなことわざに基づいて、水路の水が来ると、私たちは急いで仕事を始めました。鉄のスコップを肩に担ぎ、頭には麦わら帽子をかぶり、足にはゴム長靴をはき、身には制服（編集者注：当時統一放出された「タンザン鉄道」[12]対外援助のための作業服）を着て、昼も夜もあぜ道と水田の間を動き回りました。灌水、水漏れの修理、堤防の修理、草引き、オケラ掘り、タウナギ捕りと忙しさは頂点に達しました。

ある日の朝早く、私は朝食を食べると、いつものように水田の見回りに出かけました。すると一枚の水田の水がすっかり涸れているではありませんか。太陽が出たら苗はしおれてしまいます。原因を調べると、田のあぜ道に、大きな穴が開いていて、田の水はそこからすっかり流れ出ていたのです。さらに詳しく調べると、あぜ道には子供の足跡が残っていました。明らかにこれは子供の悪戯だとわかりました。そこで、私はこのことを昌荘の貧農・下層中農に伝えました。すると思いもかけないことに、昼飯後私が田に水を入れに行くと、なんとすでに昌荘の貧農・下層中農が、水田に水を一杯に張ってくれていました。

私たちの水管理の仕事は期間限定の仕事だったので、稲の刈り入れ時には職業替えになりました。春の種まき、夏の耕耘、秋の収穫、冬の貯蔵の時期には、ほかの同志たちと一緒になって奮闘しました。炎熱の太陽に晒され、雨水に濡れ、晴れた日には全身汗まみれ、雨の日には全身泥だらけ、手にはまめができ、背中も肩も日に焼けて幾重にも皮がむけました。

ある時、私はトラクターを運転して脱穀をしていました。脱穀場は狭く、運転速度が速過ぎたので、曲がるとき曲がり切れず、トラクターは脱穀場の傍の積み藁の山にまっすぐに突っ込んだかと思うと、不幸にもひっくり返ってしまいました。ただ幸いなことに私は急いでトラクターから跳び下りたので、なんとかトラクターの下敷きにはなりませんでした。びっくりしましたが危険はなく、難を逃れ、トラクターにも全く被害はありませんでした。

脱穀が終わると、みんなで籾を運びました。ある若者は一六〇斤の麻袋を肩に担いで運んでいきました。私も担ごうとやってみましたが、一日すると腰が立たなくなりました。その時から腰痛の後遺症が残り、再発した時にはベッドに何日も横になったまま寝返りも打てず、痛くてたまりませんでした。

家の状況のこと

私が幹部学校で労働している間に、長男の程鵬は一九六九年二月一七日に従軍登録をしました。電報で私に北京に戻って世話をしてほしいと言ってきましたが、私は仕事が忙しく、息子を見送る時間などどこにもありませんでした。ただ手紙を書いて励まし、息子には部隊に入ったらしっかり勤め、一日も早く入党できるよう努力しなさいと言ってやるのが精一杯でした。

ほどなく、役所はまた河南省の羅山に第二の幹部学校をつくり、さらに一歩進めて幹部を下放労働に動員しました。私の妻郭炳蕙も羅山の幹部学校に下放して労働することになったので、北京の三人の子供たちの身の振り方をどうするかが私にとって大きな心配事になりました。長女は北京一一一中学[13]の中学生で、二女と二男はまだ幼稚園児でした。仕方がないので、私は続けて二通電報を打って私の母に北京に来て家事をやってほしいと頼みました。母が北京に着いた後、炳蕙は五月二七日に羅山の幹部学校にやって来ました。

気がかりなことが次から次と起こりました。一九六九年八月八日、私が息県で忙しく「私心と闘い、修正主義を批判」[14]していた時、妻の炳蕙が羅山の幹部学校から私に電話してきました。長女の程霖が中学を卒業し黒龍江省の建設兵団[15]に配属されて労働することになり、一週間後には出発しなければならないから、私に北京に戻って程霖のためにいろいろな手配をしてほしいと頼んできたのです。私はこの知らせを聞くと、すぐに休暇を申請し次の日には信陽に行って汽車に乗り換え、北京にもどりました。東北地方に行って労働するということは、行くのは簡単だが戻るのが難しいと私にはわかっていました。けれども娘が通っていた北京一一一中学は、集団で農村に行くのだから、父親でも娘の足を引っ張ることはできず、仕方なく彼女を応援し、励まし、彼女を見送ってやるしかありませんでした。そこで彼女のために衣服を買いそろえ、すべての準備を整え、出発前に霖、静、岩の三人の子供たちと一緒に、写真館に行き記念写真を撮りました。

霖は出発前、米穀配給通帳[16]を持って米屋に行き、一家のために一か月分の穀物を買いました。また静のために幼稚園の卒園手続きと小学校の入学手続きをし、弟妹のために服と夜具をほどいて洗い、毎晩いつものように弟妹の足と頭を洗ってやり、家の床をいつものようにピカピカになるまで拭きました。出発の前の晩には、洗い忘れていた二枚の枕カバーをきれいに洗いバルコニーに干しました。この時小岩はちょうど風邪をひいていたので、霖は夜中に何度も起きて弟に水を飲ませ、上掛けをかけてやりました。そして、霖が旅の途中に食べるようにと私が買ってやったリンゴを、霖は病気の弟のために残して行ったのです。この時私は、私たちと別れて一年もたたないうちに子供はすっかり大きくなり、物事の分別がつき、成熟したことに気づきました。このことは私を喜ばせたと同時に、私たちから離れていく彼女を想って心が痛みました。私は息子に聞きました。「お姉ちゃんが行っちゃったら、寂しいかい？」岩は

「寂しい」と答えました。下の娘に「お姉ちゃんが行っちゃったら、寂しいかい？」と聞くと、小静も「寂しい」と答えました。

長男は従軍して出て行き、長女も私たちのもとを離れ黒龍江省の北大荒に行こうとしています。この時、私の心は千々に乱れていました。

一九六九年八月一六日、空は黒い雲で覆われ、突然大きな雷鳴が聞こえて、にわか雨が降りだす中、霖が所属する北京一一一中学を卒業したばかりの生徒全クラスは、労働のため東北建設兵団へと出発しました。雨の降りしきる中、大型バスに乗り込む生徒たちは、それぞれ胸に赤い花をつけていました。彼女たちを見送る学校の先生や生徒そして家族で、学校の広い中庭は一杯になっていました。別れを惜しむすすり泣きの声があちこちから聞こえました。霖は胸に付けた赤い花を取って弟の小岩に渡しました。岩は赤い花を高く差し上げ、大声で叫びました。「お姉ちゃん、さようなら！」バスはゆっくり動き出しました。霖は車の窓から顔を背けました。きっと泣いているのに違いありません。この時私の心は砕けそうになっていました。

一号命令のこと

情勢不穏な生活が一歩一歩私たちの方に近づいてきました。一九六九年一〇月一七日、林彪[17]は戦争への備えを強化するようにという一号命令を出しました。大都市、中都市はすぐさま人口を分散させるというものでした。郭炳蕙は家族を地方に疎開させる手はずを整えるため北京に戻り、私も息県孫廟公社新荘の幹部学校から羅山幹部学校へ転居することになって、職員・労働者のための宿舎を建てるのに忙しくしていました。

私が瓦やレンガを運ぶのに忙しく汗びっしょりになっていると、突然うちの小静と小岩が私の目の前に現れました。こんな辺鄙な片田舎で、久しぶりに子供たちに会って、私は嬉しくも、また悲しくも思いました。私は走り寄って二人の子供を抱き何度もほおずりしました。そして一人ずつの手を引いて宿舎に戻ったのです。

数日後、私は小静が幹部学校の小学校で勉強できるように段取りをつけました。レンガを積んで脚にし、そこに木の板をかけわたしたものが教室の机でした。小岩は幹部学校の幼稚園にやることにしました。幼稚園の先生は下放幹部が担当し、私と郭炳蕙はこれまで通り忙しく野良仕事をしました。

このころ、程霖が黒龍江省嫩江県双山五〇五私書箱第一分隊から二〇元を送ってきました。彼女の言うには、これは初めての月給だから、自分で使うのは惜しいので両親に送るとのことでした。着るものや身の回り品、サンザシの飴なども一緒に送ってきました。手紙にはいつもお父さん、お母さん、弟、妹のことを恋しく思っていると書かれていました。たった十五歳にしかならぬ娘が遠い異郷の地にいるのに、私たちは、父や母として、日夜お前のことを想っているよとしか言えませんでした。

羅山に引っ越したこと

私たちが息県の幹部学校に入った日から、天の神はまず私たちに最初の脅し[18]を仕掛けました。最初の十日間は太陽が見えず、続いて止むことなく小雨が続き、そのあとは大雪で入り口まで閉ざされてしまいました。雪は五十センチに達し、車は入ることも出ることもできず、みんなは雪を踏んで息県まで歩いて食料を運びました。息県は信陽の駅から結構遠かったので、役所の人々が行き来するにも物資を運ぶにも、ともに不便でした。

方毅[19]主任と軍事管制組の鐘羽翌副組長が、一九六九年一月二七日息県の幹部学校に来てみんなを慰問しました。座談会を開き、みんなの意見を聞き取りました。その時、羅山に移って幹部学校を作ってはどうかという考えを出した人がいました。

方毅主任は役所に戻るとすぐ、羅山に幹部学校を作る決定をしました。一九六九年二月二六日、息県幹部学校は役所の指示に従って、二人を羅山に派遣し、「五一」農場（労働改造農場）を引き継ぐ件について打ち合わせをしました。三月一日、息県の幹部学校はまた二十五人を羅山の「五一」農場に派遣し、正式に引き渡しの手続きをしました。そしてすぐさま役所も三十人を羅山に派遣し、幹部学校建設の仕事を展開することになりました。その後、役所から下放してきた人々も次々と羅山に到着し、羅山幹部学校の規模は拡大したのです。

一九六九年一一月、息県の秋の収穫がすっかり終わりました。一一月四日、息県の幹部学校の人員は、残って後始末をする数人以外全員が羅山幹部学校に移り、息県幹部学校は正式に解消されたのです。

私たち第一陣が息県の「五七」幹部学校に下放したとき、全員が自発的に登録し、組織に認可され、興味津々で幹部学校にやって来た者ばかりだったので、積極的に労働に参加し、自発的に貧農・下層中農の再教育を受けました。生活はかなり苦しいものでしたが、みんな打ち解けて愉快に付き合い、みんなの気持ちも基本的に穏やかで、労働や学習は比較的正常に行なわれていました。

羅山の「五七」幹部学校に来てからは、人が増え、状況が複雑になり、任される仕事も負担が大きくなってきました。幹部学校というこの組織は、幹部が交代で下放労働をし、貧農・下層中農による再教育を受けるという任務を負担するほかに、「五七」幹部学校を「文化大革命」に奉仕する特殊な機構へと変化させていきました。時がたつにつれ、矛盾が多くなり、心理的にもアンバランスになり、多くの人が「五七」幹部学校の性質に対して、疑念を抱くようになりました。

ある幹部は幹部学校に下放しても、表面的にちょっと体験するだけでお茶を濁し、数か月滞在しただけですぐ役所に戻ってしまいました。貧農・下層中農の再教育など受けなかったことは言うまでもありません。普通の人たちには当然そのような機会はありません。彼らが幹部学校に下放する目的は、「労働という箔をつける」ためだったのです。

ある一部の幹部は派閥の排斥を受け、仕事を割り当てられなかったので、長い間幹部学校に留まり、よその土地、あるいはよその職場に異動になるのを待っていました。聞こえがいいように、入る者あれば出る者あり[20]などと言っていましたが、これら締め出された人々は実質上幹部学校で「つなぎ労働」をしているのでした。

さらに一部の幹部は、「文化大革命」の攻撃を受け、様々な罪名を背負って、幹部学校に配置されて審査を受け、労働を監督され、問題点を自白させられました。中には痛めつけられて亡くなった人や、心身に損傷を負った人たちもいました。これらの人たちは「労働懲罰」を受けていると認識されていました。

このような状況の下では、たとえあなたが「労働箔づけ論」や「労働懲罰論」を批判しようとも、人を納得させるのは難しかっただろうと思います。

幹部学校を離れたこと

一年余りの労働鍛錬の中で、私は全力を尽くして労働し、また貧農・下層中農の再教育を受け、少しばかりの進歩がありました。一九六九年末の評定の時、軍事管制小組の評議を経て、また支部のバランスを考えた上で、私の所属する第四中隊は私を「五好」戦士[21]に選出しました。ちょうど外経委員会は幹部学校から人を役所にもどして仕事をさせる時期に当たっていて、その方法は、みんなが指名し、幹部学校が役所に報告して審査を受けるというものでした。この時、私は光栄にも第四中隊の同志たちから役所にもどって仕事をするように指名されたのです。役所の一部の人から派閥的な排斥と妨害を受け、事はスムーズには運びませんでしたが、彼らにしても、大衆の意見を公然と変える理由は持っていなかったのです。ただ背後で小細工をし、面倒を起こし、攻撃することしかできませんでした。

私が荷造りした荷物を車に積み込み、信陽に行こうとしていると、ある造反派のボス（幹部学校の責任者の一人）が私の前に現れて、こんなにたくさんの荷物を積んで行ってはだめだと言いました。私は訳がわかりませんでした。どれだけの荷物を積み込むか、何の荷物を積んで運ぶかは、もともと個人が自分の必要に応じて決めることです。どうして彼が口出しするのでしょう？　私は彼に取り合わず、自分の必要に応じて処理しました。役所に戻ってから、私はやっとわかりました。私が荷物を運ぶのを彼が制限したのは、実はその背後に別の狙いがあったからなのでした。

私自身が役所に戻ることで、私はまた子供や妻と別れることになり、それがとてもつらかったです。出発のとき、四歳の小岩は私の足にしがみついて大声で泣き、私を離しませんでした。私は涙をこらえて彼を慰めました。「いい子だ。もう泣くな。父さんは何日かしたらお前に会いに戻ってくるからな」。このように心を痛めて彼らのもとを離れたのでした。私が幹部学校を離れた後、妻が幹部学校に七年もいることになるとは、その時誰が想像できたでしょうか。

一九七〇年二月八日午前一〇時、幹部学校の車に乗って信陽に行き、午後四時に北京行きの汽車に乗り換えました。この時私の心は落ち着きませんでした。北京に戻って仕事をする機会が持てたのはうれしかったですが、子供たちや妻を残してきたことが心配でならなかったのです。すぐに大地は夜のとばりに包まれ、夜半に汽車は鄭州の駅に着きました。私は汽車の窓から外のプラットフォームを行き来する人々の群れを眺めていました。するとこの時私のいる窓の方に一人の若い女性が近づいてきました。彼女は風呂敷に包まれた赤ん坊を胸に抱いていました。彼女は私の窓の前まで来ると、自分は荷物がたくさんあるし、汽車に乗る人も多く混み合っているので、先に赤ん坊と小さな包みだけ汽車の窓から手渡ししたいと言いました。私は喜んで赤ん坊と小さな布包みを窓越しに受け取りましたが、しばらくたってもその女性が乗ってくる様子がありません。列車は動き出し、私はもう一度駅のプラットフォームを見ましたが、その女性の姿は消えていました。私は急いで包みを開けてみました。すると中には麦芽エキス、哺乳瓶、そして一枚の紙きれが入っていました。紙には「この赤ん坊には父も母もおらず、親戚や友達もいません。あなたにお渡しして育ててもらうしかありません。もし難しかったら、福祉機関に渡して、大きくしてもらってください。心から感謝しています。赤ん坊の誕生日は一九六九年三月二四日です」と書かれていました。赤ん坊を見ると、男の子で、まだよく眠っていましたが、顔が蝋のように黄色くなっていました。明らかに、赤ん坊が泣いて騒がないように睡眠薬を飲ませたようでした。このニュースはたちまち車両中に伝わり、女車掌はそれを知ると、有無を言わせずとんできて、私に何の相談もせずその赤ん坊を奪い取り抱いて行ってしまいました。この赤ん坊のその後の運命がどうなったか、私には知る由もありません。

北京に戻ったこと

私が「五七」幹部学校に下放する前、一人の造反派のボスがいました。彼は中国共産党組織のメンバーで、私たちは同じ甘家口[22]の宿舎アパートに住んでいました。ある日、私が家で昼飯を食べていると、突然誰かが私の宿舎のドアの下から紙きれを中に押し込む音が聞こえました。私は「誰だ？」と声を上げましたが、誰かが階段を駆け下りて逃げていく音がしただけでした。私がその紙を取り上げて見ると、そこには「程紹義、お前は自分の子供をそそのかしてうちの子供を殴らせただろう。責任を取ってもらうからな」と書いてあり、某と署名がしてありました。

不思議に思って子供に尋ねると、もともとうちの子供と彼の子供が一緒に遊んでいましたが、彼の上の子がうちの下の息子を叩いて泣かせました。そこでうちの下の娘が今度は彼の下の子供を叩いて泣かせたと言うのです。子供同士のこんなつまらないことのために、この親はわざわざ出てきて紙切れを挟んでいったのです。

私は彼の相手にはなりたくなかったけれど、それでもやはり、その紙きれを持って彼の家に行きました。そして子供のケンカのことを私は知らなかったし、ましてや私が子供にあなたの子供を叩くようにそそのかしたなどということはない、気を回さないでくれと言いました。私は事はこれで終わったと思っていました。しかしそうではなかったのです。この人は依然として根に持っていました。

仕返しの機会がついにやって来ました。私が幹部学校から役所に召還されたことについて、党グループが検討をした時、党グループのメンバーである彼は個人的恨みを公の場で晴らし始めたのです。彼は会議の場で公然と異議を提出しました。ある副主任が彼に尋ねました。「程紹義になにか問題があるのか？」彼の答えはこうでした。「攻撃してみようじゃないか。攻撃して出てきたものがそれだ！」ということで、私というこの幹部学校の「五好」戦士は、役所に入った途端、「三反」分子になってしまったのです（「三反」分子とは毛主席を指導者とする無産階級司令部に反対し、周総理に反対し、無産階級大革命に反対するもののことを言う。編集者の注：ほかに反党、反社会主義、反毛沢東思想のことを言うこともある）。この造反派のボスの扇動の下で、大字報[23]が天地を覆い、大きな帽子[24]が満天を飛び交いましたが、実質的な内容は少しもありませんでした。この時になってようやく私は思い至りました。幹部学校を離れるときなぜあの造反派のボスが荷物を持って帰ることを制限したのか。なんと彼らは私を再び幹部学校に戻そうと考えていたのでした。

大字報を貼るだけでなく、この造反派のボスが指導するその部署では、毎日毎日私たちの資料部にやって来ては、私をつかまえて彼の部署にひっぱって行き、自白させようとしました。

以下がその時の対話です。

私に尋ねる：「お前は張仁従（会社の副社長、「五一六」分子[25]として陥れられ、「五七」幹部学校で痛めつけられ死に至った。のちに名誉を回復された）とどんな関係があるんだ？」

私は答える：「張仁従を私は知っています、彼も私を知っているかもしれません。けれど私たちは話をしたことはありません。」（彼らは私を「五一六」の線上にひっぱりこみたいと思っているのです）

「なんだって？ 話をしたことがないって？」

「そうです、話をしたことはありません。彼は会社の人間だし、私は第三局[26]の人間です。仕事で行き来はありません。私がいつ彼と話をしたというのか、例を挙げてみてください。」

一時重苦しい沈黙がありました。

また尋ねる：「お前が書いた大字報『どのように同志を愛護するか』は誰のことを指しているのだ？」（彼らは私が周総理に反対しているとして、陥れたいと思っているのです）

「それは『文化大革命』が資産階級反動路線を批判し始めたとき、第三局に資産階級路線をとるよう催促した人のことです。彼らを愛護し、誤りを正し、間違った考えに固執させてはいけません。」

「お前はどのようにして『八一六』[27]処長連絡会を呼びかけたのだ？」

「『八一六』連絡会は役所の幹部学校（編集者注：外国語訓練のための幹部学校で、『五七』幹部学校のことではない）が呼びかけたのです。私は連絡会の主催者ではありません。けれど私は第三局の連絡員ではあります。」

……

「お前たちはどのようにして反方毅を企てたのか？」

「『八一六』処長連絡会は戦闘隊ではありません。それは『文化大革命』についての意見を交換する会議です、各々が自分の意見を述べるのです。私は方毅を打倒していません。なぜなら私にはその理由がないからです。でも私はほかの人が方毅を打倒することに反対でもありません。なぜなら彼らにどんな理由があるのか私にはわからないからです。」

「じゃあお前は両面派[28]ということだな。」

「それはあなたの理解でしょう。」

……

こんな具合に私をつかまえて離さず、彼らの部署の会議で、私を二、三か月もの間痛めつけ、幾度となくそんなことを繰り返しましたが、それだけのことでした。彼らの部署の同志の中にも、これは意味のないことだと思っている者がいました。昼間は私のことで会議を開くけれど、夜になるとその人は私の宿舎に来て私に言いました。

「一体どうなっているんだ。まだこんなことをやっているなんて」。

私はこんなことがあっても心は落ち着いていました。ちっとも気にせず、会議が終わると私はいつもの通り仕事をし、何ごともなかったように平然としていました。ある人が私に「こんなにたくさん大字報が書かれているのに、君はどうして何事もないようにしていられるんだい？」と尋ねました。私はこう答えました。「私には何もないのに、暇人が何もないところに何かを探そうとしているだけのことだからね」。

その後彼らは何の成果も出せず、ウンともスンとも言わなくなりました。ある人が私に「彼らはあんたを痛い目に遭わせようと思ったが、できなくなっちまったんだよ」と言いました。

また半年余りもずるずると引き延ばしていましたが、軍事管制小組がこの造反派のボスに注意しました。「こんなに長い時間痛い目に遭わせたんだから、本人に何か説明すべきだろう？」そこで、私の指導者でもなく、私の同僚でもない彼が、私の所にやって来て、私に大衆にきちんと対応し、謙虚に大衆の意見を聞き取らねばならないと言いました。彼はなんと自分が背後で企てた陰謀を大衆の意見だと言ってのけたのです。全く大いなる笑い話でした。

彼は自分の目的は達成できなかったけれど、仕事の上で依然として私を排斥しました。党グループのメンバーという権力を笠に着、黒幕の意向に迎合し、こっそりと私を抑圧して、私に材料部の仕事の責任を取らせ、そのくせ私に何の資格も与えませんでした。けれども、私は共産党員としての条件を自分に課し、名利を問題にせず、地位を問題にせず、仕事に没頭しました。なぜなら私は党のため、人民のために仕事をしているのであって、誰かさんのために仕事をしているのではないからです。

そんなことが長く続くと、私も少しばかりむしゃくしゃするようになってきました。そこで山東に戻って仕事をしたいという思いが芽生えてきました（私は一九六四年済南から選抜されて外経委員会に転属してきたのです）。そこで私は済南市委員会の工業を担当している副書記に連絡を取り、済南に戻って仕事をしたいと相談しました。彼は私が戻ることを歓迎すると言ってくれました。併せて済南市委員会の組織部長自らが北京のわが家を訪ね、私と面談をしてくれました。仕事はすでに準備され、私がもどって出勤するのを待つだけになりました。

済南に戻って仕事をすることを軍事管制小組に話すと、軍事管制小組のある人が私に「君はどうしてもどるんだ、行くな」と言いました。その後私は何度も考え、この言葉にも道理があると思いました。なぜなら、ある人が私を締め出したいと思ったけれど、その目的を果たせなかった。それなのに自分自ら彼らの目的を実現するのを助けるなんてことはできないと思ったからです。そこで私はすぐに済南市委員会に、「ご迷惑をおかけしました。あなた方のご配慮に感謝します。いろいろな理由から、私は戻らないことに決めました」と伝えました。

体験の総括

「文化大革命」において、紅衛兵、「五七」幹部学校そして知識青年の上山下郷[29]が「文化大革命」の三大事業と称されています。一般の人々は、「五七」幹部学校とは「文化大革命」において幹部や知識分子を迫害した場所であり、形を変えた労働改造の場所だと思っています。

もし私たちが歴史的、客観的、科学的な態度でこれを検討し、また一部の幹部が持っていた官僚主義、主観主義、汚職腐敗、変節、大衆からの遊離などのよくない傾向と結び付けて見るならば、当時幹部が労働に参加したことは、何もいいことがなかったとは言えないと思います。私個人の体験でいえば、幹部学校で生産労働に参加したことを通じて、私たち「五七」戦士には、少なくとも以下のような明らかな変化が現れました。


第一、人民大衆の真実の生活状況を理解したこと。

第二、労働意識を高めることができたこと。

第三、現地の貧農・下層中農と友情を深めたこと。

第四、大衆と幹部の関係を密接にすることができたこと。

第五、幹部学校の学員の精神状態に変化が見られたこと。

正にある老同志が言ったとおりです。「我々はまた戦争時代の生活にもどった」。「我々はまた中国人民抗日軍事政治大学[30]の生活にもどった」。「我々はどんどん若くなる」。確かにそうでした。みんなは職務にかかわりなく、年齢に関係なく、一緒に生活し、一緒に学習し、一緒に労働し、一緒に文芸プログラムを楽しんで演じ、元気はつらつ、生き生きして活発でした。

けれども、「五七」幹部学校は「文化大革命」の産物として、その誕生の日から、明らかに極「左」の色彩を帯びていました。問題は幹部が労働に参加したことにあるのではなく、林彪、「四人組」[31]が「五七」幹部学校を、自分と敵対する者を排除し、幹部を懲罰する政治闘争の道具にしたことにあります。特に「文化大革命」という特別な歴史環境の中で、「五七」幹部学校に送られた幹部の幾人かは往々にして攻撃を受け、迫害を受け、報復を受け、締め出しを受けました。ある人はその上にいろいろな罪名まで付け加えられ、労働を監督され、問題を自白させられ、批判され、つるし上げられました。ある人は迫害されて死に至り、またある人は心身に深刻な損傷を受けました。これもまた「文化大革命」の収束後、「五七」幹部学校が必然的に解消された根本原因なのです。

（禾召羊[32]の新浪ブログより転載）

程紹義（てい・しょうぎ）：山東省莱州市の人、一九三〇年生まれ。一九四六年二月革命に参加、一九四八年一〇月中国共産党に加入。莱蕪県政府の係長、事務局秘書を歴任する。中国共産党泰安地区委員会国営企業視察員。新汶炭鉱党委員会宣伝科長、中国共産党済南化学工場党委員会書記。一九六四年以降、外経委員会、外経部、経貿部にて副処長、処長などを務め、駐外大使館副局長級経済参事官や上級エコノミストも務める。一九九二年六月退職、退職時の所属先は中国プラント設備輸出入（グループ）本社。一九六八年一二月三日から一九七〇年二月八日まで河南省息県と羅山、二か所の外経委員会「五七」幹部学校で労働する。

1　原詩は、七言八句の律詩の形式をとっているが、平仄や押韻の関係から古詩といえる。押韻は下（xia）、涯（ya）、家（jia）、華（hua）のつもりであろうが、「涯」、「家」、「華」が平声であるのに対して、「下」は上声で仄音である。

2　「六八一一」部隊とは、一九六八年一一月にできたから、六八と一一をとって六八一一部隊と名付けたのである。

3　「共産風」とは、一九五八年の大躍進運動や人民公社化運動から顕著になった生産隊間の差異を認めず、すべて平均に分配し、義務労働を過多に行なったことをいう。毛沢東は一九五九年二月の鄭州会議で、①貧富を分けず、②余蓄が過多で義務労働も多すぎ、③なんでも物資を共有しようとした、の三点を挙げた。こうした指導の結果、五九年から六一年の三年間の自然災害の時期に二〇〇〇万から四〇〇〇万人の餓死者を出したと言われている。

4　「行軍ベッド」は、軍隊が行軍するときに使用するベッド。ズックの折り畳みベッド。

5　幹部学校には二種類の人々がいた。①普通の下放してきた者。②「牛鬼蛇神」と言われた問題のある者。普通の人員は毎日問題のある者を批判しなければならなかった。その批判を「革命的大批判」と言った。

6　一ムーは、六・六六七アール。四〇〇ムーは二六六六・八アールで、約二七ヘクタールとなる。一斤は五〇〇グラム。二〇〇斤は一〇〇キログラム、二四〇斤は一二〇キログラムになる。五〇〇〇斤は二五〇万グラムで二・五トン、六〇〇〇斤は三〇〇万グラムすなわち三トンとなる。

7　「糠のウォトウ」は、普通はトウモロコシや高粱の粉を水でこねて円錐形に丸め、蒸して食べる食べ物だが、ここではヌカをこねて作ったもの。

8　「朝の指示」と「夜の報告」は、文革中では、毎朝毛主席の指示を仰ぎ、夜は一日の出来事を上級指導者に報告するのが習わしであった。これを「早请示，晚汇报」といった。

9　「童養媳」は、トンヤンシーと読む。将来息子の嫁にするために子供のときから引き取られた女の子。すぐさま家事労働などをさせられた。

10　「三九」の期間、真冬のもっとも寒い時期。冬至から数えて最初の九日間を「一九」、次の九日間を「二九」、その次の九日間を「三九」という。また、この二七日間をまとめて「三九」ともいう。

11　「隊員」。幹部学校の人員は、学校の生徒としての面もある。その場合は「学員」と呼ばれた。また、労働する者として各労働班に分かれてもいた。その面から言うと各隊に所属していたので、「隊員」とも言われた。

12　「タンザン鉄道」は、タンザニアとザンビアを結ぶ一八五九キロメートルの鉄道。

一九七〇年七月に中華人民共和国はタンザニア、ザンビアと調印。一九七六年七月一四日に完成。中国は両国に四億三二〇万ドルの借款を与え、約二万人の中国人労働者を送り出した。

13　「北京一一一中学」は、一九六八年に創建された。海淀区にあったが今はなくなっている。次に書かれているように、六九年八月には東北(黒龍江省)の建設へ卒業生が参加している。

14　「私心と闘い、修正主義を批判する」は、一九六六年一一月三日の『解放軍報』社説で、「破私立公」と同時に「闘私批修」が提唱された。旧思想の本質は「私(わたくし)」にあるとし、これを批判することが修正主義を革命する文化大革命の根本方針であるとされた。

15　「建設兵団」は、一九六八年に設立。軍隊編成の特徴を持ち、開墾事業と辺防を行なう集団。中ソ衝突に備えて組織した。七六年に廃止。

16　「米穀配給通帳」は、主食である米穀の販売を制限する必要から、各家庭に割り当てられた通帳。日本でも戦後しばらくの間使用された。これがないとお米も買えなかった。

17　林彪(りん・ぴょう)、(一九〇六―七一)。当時党副主席兼国防部長であった。

18　「最初の脅し」、原文は「下馬威」。もとは官吏が着任してすぐ部下に威厳を示すこと。まず初めに威力を見せる、にらみを利かすことを言う。

19　方毅(ほう・き)、(一九一六―九七)。福建厦門の人。一九三一年党員。三七年出獄後、湖北で工作。七七年中国科学院副委員長として全国科学大会の文献起草などに努力。七九年六月中国科学院院長。八二年九月中央政治局委員。八八年三月全国政治協商会議副主席など。

20　「入る者あれば、出る者あり」、下放労働は、もともと毛主席が言った「時期に分けグループに分けて下放労働せよ」に基づいて、時期やグループが順番に分けられていた。そののち派閥争いから、時期やグループに偏りが出るようになった。そのことを、ここでは言っている。

[21] 「五好戦士」とは、①政治思想、②軍事技術、③三八作風（三つの句と八字で表現される気風。1しっかりした正しい政治方向、2困苦欠乏に耐え質素を旨とする工作上の態度、3弾力性と機動性に富む戦略戦術、の三句、及び団結・緊張・厳粛・活発の八字）、④任務完成、⑤身体の鍛錬の五つが優れている戦士のこと。

[22] 「甘家口」は、北京市の西側の海淀区の街路の名前。役所の団地が多い。

[23] 「大字報」とは、壁新聞のこと。個人または集団の意見を書いて壁に貼ったもの。文化大革命中には人を攻撃する手段であった。

[24] 「大きな帽子」とは、不当なレッテルのこと。

[25] 「五一六分子」は、毛沢東の一九六六年五月一六日の通知が、翌六七年五月一七日に『人民日報』に公表された。それを受けて首都五一六兵団という極左組織が周恩来を攻撃した。六七年九月に毛沢東は、五一六組織者と操縦者は①党中央の指導者に反対している。②中国人民解放軍を破壊し分裂しようとしている、と摘発の指示を出した。その後江青が「プロレタリア司令部、人民解放軍、革命委員会を批判した者」を「五一六分子」と定義した。六八年中央に清査五一六専案領導小組ができ、七〇年から七四年にかけて全国で清査が行なわれ、三〇〇万人が五一六分子とされた。この審査方法が残酷で根拠薄弱だったため多くの冤罪者を出した。その後うやむやに終わった。

[26] 「第三局」とは、外経部には六つほどの局があり、それぞれ地域を担当していた。第三局はアフリカ担当だったので、アフリカへの経済援助と技術合作を担当した。当時、李克が局長で、周漢石、程飛、陳慕華が副局長であった。

27 「八一六処長連絡会」とは、一九六六年八月一六日に結成されたので八一六という。

28 「両面派」とは、形勢を伺って、自分の都合よい方につこうと二股をかける日和見主義者のこと。

29 「上山下郷」とは、一九六八年一二月二二日の『人民日報』に掲載された毛沢東の「最新指示」により、都市にある諸機関の職員や知識青年が辺境や農山村に赴き、労働者や農民とともに肉体労働に参加する運動。

30 「中国人民抗日軍事政治大学」とは、日中戦争期、中国共産党が設立した軍幹部養成学校。略称は「抗大」。一九三一年の紅軍学校が前身。三七年人民抗日軍事政治大学校と校名変更し延安に移転。その後各地に分校を開設。大学の教育委員会主席は毛沢東、校長は林彪、副校長は羅瑞卿であった。

31 「四人組」とは、文革後期に実権を握った次の四人。王洪文(一九三四?―九二、党副主席)張春橋(一九一七―二〇〇五、副総理)江青(一九一五―九一、政治局委員、毛沢東夫人)姚文元(一九三二―二〇〇五、政治局委員)。

32 「禾召羊」とは、程紹義のハンドルネーム。

第二篇　水の見張り番から後方支援班班長へ

程飛

毛主席が発した「広範な幹部は下放して労働せよ」という呼びかけは、まるで猛り狂う大波が巻き起こったかのように、多くの役所の幹部を「五七」幹部学校に送り肉体労働をさせました。

1、「六九三九」部隊

一九六八年一二月二八日、土曜日、阜外大街の両側にある葉を落としたエンジュの枝が、猛烈な風に吹かれびゅうびゅうと音を立てていました。そのうなり声をあげる狂風が、外経委員会第一陣の数十名の「五七」戦士を河南省息県の「五七」幹部学校へと送りだしたのです（編集者注：息県に下放した第一陣「五七」戦士である程紹義の回想文章によれば、第一陣が北京を離れたのは一二月三日である。両者の話は食い違っている[1]）。

それから二か月余り過ぎた一九六九年三月九日、この日は日曜日でした。吹き付ける北西の風にはまだ冬の冷たさが残っていて、人々の顔をしびれさせました。百十数名の「五七」戦士は（そこにはいわゆる三反分子[2]や裏切り者、反動分子も含まれていました）役所の門前に集まり、隊伍を組んで出発しました。これは外経委員会の第二陣に当たり、幹部学校に下放した人数の最も多い一団でした。それで、みんなはこの一九六九年三月九日に下放した人々のことを略して「六九三九」部隊と呼び、私は光栄にもその一員となったのです。

基本的に外経委員会の「毛沢東思想学習班」の二十数名によって、下放する者の人選がなされました。そして軍事管制委員会が名簿を公表すると、各家に人が派遣され厳密な査察が行なわれました。彼らが調査したのは、「各自気持ちが奮い立っているか、農村に住み着く決心ができているか」ということでした。私たちは靴の手入れをし、洗面器を買い、作業服を作り、子供たちのことを手配し、家を片付け、荷造りをし、「五七」戦士の「買い物券」を使って北京の街で各自の労働生活に必要なものを購入しました。

軍事管制小組の責任者が「臨戦」動員をし、幹部が下放労働する主要な目的は、「思想の革命化を促進すること、政治によって学校を作り、勤勉倹約して学校を建てねばならないこと、自分で耕作して食事の問題を解決すること……」であると強調しました。そのあと、パチパチと爆竹が鳴る中、数台の解放型の大型トラックは「五七」戦士を乗せて北京駅へと向かいました。私たちはこうして河南省羅山の「五七」幹部学校へ向かう真新しい道に踏み出したのです。

河南省羅山は往年の豫鄂辺区根拠地[3]にありました。当時の抗日根拠地はみな辺鄙な貧困地区にあったのです。羅山の生存環境がどんなものだったか推して知るべしでしょう。

軍事管制委員会はもともと私と振栄（編集者注：劉振栄は程飛の妻である）が同じ日に下放するように手配していました。けれど、彼女は大雁（編集者注：程大雁は程飛の長男である）を山西省の生産隊に送ったばかりで、今また十六歳の二男と十五歳の三男が父母と離れた後、破れた衣服を着ないで済むよう日夜急いで服を作っていたので、どうしても私と一緒に行くことはできませんでした。軍事管制小組は特別に彼女が出発を十日延ばすことを許してくれました。

2、車両の中の千差万別の姿

私たち百十数人は一両の二等寝台車に押し込まれたので、その時の有様は筆舌に尽くしがたいものでした。あれからもう三十三年が過ぎていますが、私は今でもはっきり記憶しています。

汽笛が一つ長く鳴ると、車輪はゆっくりと回り始めました。車輪は鉄のレールと擦れて、ギーギーガーガーと音を立てながらいくつもの分かれ道を進んでいきました……

夕日の残照が疾駆する汽車の窓を照らし始めると、同志たちは習慣どおり「夜の報告」[4]を行ないました。偉大な指導者に対する無限の忠誠を表すために、語録を暗唱するとき、みんなは必ず立たねばならず、しゃがんだり座ったりしてはなりませんでした。「夜の報告」が終わると、寝台をあてがわれている年配の同志以外、そのほかの同志はしゃがむか座るしかありません。全員に座席が当たるようにするためには、一つの寝台に四、五人が座る必要がありました。ある人は梯子を登って素早く上段の寝台までたどり着き、ある人は手近の中段の寝台に飛び込み、またある人は下段の寝台に座を占めじっと動きませんでした。余った人たちは通路上に二、三人ずつ背中合わせになり、ぎっしり詰め合って座りました。車両の中はガヤガヤ騒がしい声で一杯でした。話をする者、にぎやかに笑う者、また「前門」印のたばこ[5]に火をつけ煙を吐く者など。このたばこの煙が体臭と混じりあい、空気を汚したために、みんなは息が詰まり、気持ちがイライラし、意気消沈しました。

夜のとばりがゆっくりと降りて行き、大地は次第に眠りにつきました。そして人々に元々あった「やる気一杯の気持ち」は完全に眠気に取って代わられました。

数個の黄色い照明のもとで、ほとんどすべての人が頭を低く垂れて居眠りをしていました。ただ私たち数名だけが、なぜか少しも眠気を感じていませんでした。そこで私は好奇心に駆られてあたりを見回しました。多くの同志は曲げた両腕を、縮めた両足の膝の上に乗せ、頭を垂れていました。ある者は虫のように丸まりボールのようになっていました。またある者はぐうぐうといびきをかき、ある者は口元からよだれを垂らしていました。ある者は無表情な横顔で、一人ぼっちで立ったまま頭を垂れ深く考え込んでいました。またある者は、車窓を隔てて飛ぶように速く通り過ぎていく夜の荒野をぼんやりと眺めていました。またある者は頭を挙げてじっと車両の天井を見つめ、困惑のうちに自分自身の難問を解釈しようとしていました。またある者はぎゅっと口を閉じ、まるで木彫りの人形のように呆然と足元に目を落としていました。またある者は瞬き一つしないで、すでに熟睡している同志の顔の表情をじっと見つめていました。またある者は後頭部を手で支え両眼を閉じ列車の揺れに合わせて体を揺らし、またある者は眠いのに眠れず大きな口を開け、涙を流してあくびをしていました……私はといえば、足るを知り、趣を知るとばかり便所のドアのそばにうずくまっていました。異臭は嗅ぐに耐え難く、一晩中眠れず、しばしば顔を挙げてはあたりを見回していました……

3、道中の「朝の指示」

重く長い汽笛を鳴らし、汽車は「ゴトンゴトン」と音を立てて黄河大鉄橋を渡りました。東の空が次第に白み始め、太陽がゆっくりと登り始めました。軍事管制の同志たちのせわしない呼び声と拍手の音で、同志たちは寝ぼけ眼で各自の「座席」から起き上がり、申し合わせたように背伸びをし、手足を伸ばしました。けれど寝台に座っていた同志は立ち上がることができないので、半分うずくまるようにして、寝ぼけ眼をこすりながら、「紅宝書」[6]を差し上げました。百十もの喉が同じ調子で叫びました。「私心と闘い、修正主義を批判するぞ」「決して階級闘争を忘れるな」「毛主席にとこしえの長寿を、とこしえの長寿を」「林副主席に健康を、永遠の健康を！」そのあと大声で「東方紅」[7]を歌いました。「朝の指示を仰ぐ」活動はこのようにして終わりました。

今の若い人たちはこのような情景にはもうなじみがないでしょうし、私たちより後の世代の人たちはこのような情景をきっと不思議に思い、理解しがたいでしょう。けれども、「朝の指示」や「夜の報告」は間違いなく「文化大革命」における重要な革命指標だったのです。あの時代、誰かがこれを笑って不遜な態度をとったり、疑いを表に出したりしたら、彼は即座に公然と法律を犯したことになり、「反革命」の帽子をかぶせられ、つるし上げられました。少なくとも毛主席の肖像画に向かって頭を下げ謝罪しなければなりませんでした。ある同志がうっかりして毛主席と林彪の写真が印刷された新聞を踏んでしまい、そのためにこっぴどくつるし上げられたことを私はよく覚えています。その同志は黙って怒りをこらえ、甘んじて不運を認めるしかなかったのです！

4、「監房」に住む

一九六九年三月一〇日の昼頃、私たちを乗せた列車は、突然一揺れしたかとおもうと、続いてシュ－ッと荒い息を吐き、ガタンと音を立てて、河南省信陽の駅に停車しました。私たちは汽車を降り、何分も休まないうちに、また数台の解放型の大型トラックに乗せられ、「威風堂々」と南東に向かって走り出しました……
河南の気候は北京よりかなり暖かでした。トラックの荷台に立って四方を眺めると、田野はもう薄い緑色をしていました。春風が顔をかすめ、やさしいぬくもりが感じられ、昨晩汽車の中にうずくまって座っていた疲れは大方吹き飛び、春が大地に戻ってきたと心から感じました。トラックは春風に向かって走り、五里店を過ぎ、羅山県境に入りました。

羅山県は丘陵地帯にあり、河南省の中の貧困県でした。十年にわたる内戦、抗日戦争そして解放戦争において、ここは大別山革命根拠地[8]の周辺地区で、人民の生活は非常に貧しかったのです。

トラックは私たちを乗せて羅山の町の縁をかすめ、南へ折れて丘陵の黄土道（編集者注：砂石とすべきであろう）を走りました。私たちが外経委員会の「五七」幹部学校がある三十里舗（編集者注：地名には間違いがあるかもしれない）に入ると、先に到着していた十数名の「老戦士」たちの熱烈な歓迎を受けました。

私たちの「五七」幹部学校はもともとは河南省の労働改造農場でした。学校ができる前に労働改造の囚人たちはすでに釈放され、移動させられていました。囚人たちの監房が「五七」戦士の宿舎になったのです。

軍事管制組は私たちを四つの農業生産中隊と三つの業務組（生産、後方支援、政治工作）に編成しました。楽天同志の回想によると、当時の中隊長は楊少苓（女性）、副中隊長は薛曙光、指導員は于楽天、副指導員は張大乙でした。男女の戦士はみんなで四十名余り、男女別にそれぞれの集団宿舎に住みました。すべての夫婦は「同じ地に分かれて住み」、朝から夜遅くまで一緒にいることは許されませんでした。

第一、第二、第三中隊と政治工作及び生産組、合わせて百十数名の男性たちは元労働改造所の大院に入りました。この大院は北京の四合院に似ていて、もともとは労働改造所の囚人を留置するために専用に建てられた日干しレンガ造り（編集者注：実際は灰色レンガ造り）の囚人用の建物でした。東、南、北の三面は平屋で、約三〇部屋あり、それはもともと囚人の監房でした。西側はレンガと木で作った大きな屋根付きの通用門になっていて、その上にはさらに二階の高さに方形の望楼があり、最上階は巡視の場所になっていて、監視と射撃に使われていました。通用門のそばの西北の角には簡単な覆いをつけた露天の便所がありました。望楼の上に立つと便所の全貌が直視できます。十数個の狭い長方形をしたしゃがむ場所が一列に並び、仕切りも遮るものもありませんでした。しゃがむ場所の前は大きな円形の小便穴で、小便をするときは丸く輪になって、向かい合ってするのでした。

監房には天井板がなく、桁や垂木がむき出しで、ほこりが落ちてきます。私たちの洗面器は各自の枕元に置いてありました。不思議なことに毎朝起きると、いつも五、六匹の赤茶色をしたナンキンムシが洗面器の中を逃げ回っています。こいつらはいったいどこからやって来たのだろう？　みんなは不思議に思っていました。ある時一人の同志が何気なく反り返っている漆喰を剥ぎ、びっくりして思わず金切り声をあげました。そこには群れを成し山と積みあがったナンキンムシがびっしりと壁いっぱいに張り付いていて、日の光を見るや、四方に逃げ出していきました。もともとこれらの害虫は昼間は漆喰の内側や屋根の隙間に隠れていて、夜になると出てきて人の血を吸っていたのです。屋根に上るナンキンムシが多すぎて居場所がなくなり、互いに押し合い私たちの洗面器の中に落ちてきていたのです……すぐに、私たちはシャベルで漆喰を剥がし、隙間を埋め、石灰を塗り、なんとかナンキンムシの害を取り除くことができました。

5、熟睡中の姿態

私たち第三中隊は「四合院」の南側の一列の監房に住んでいました。この列の監房は幅五メートル、長さ約二〇メートル、真ん中には約一・五メートルの戸が開いていて、窓は中庭の方を向いていました。私たち三十九人は南北二つの列になって住んでいました。二列の間は一メートルもない通路になっていました。二人がここで出会うと、必ずわきによって互いに道を譲らねば通れませんでした。

私たち三十九人は一人に一つずつベッドがありましたが、ベッドとベッドはぴったりくっついていました。足の嫌なにおいをかがずに済むように、「頭と頭が向かい合い、足は壁際に向ける」が必須でした。これはもう約束で、俗にいう「きまり」になっていました。

けれど、この「きまり」は三十九人が夢の世界に入った後の歯ぎしり、放屁、寝言までは取り締まることができませんでした。とりわけ雷のように耳をつんざくいびきは、みんなを邪魔し、夜通し眠らせませんでした。けれども間もなく、一日の労働に疲れた人々はすっかり慣れっこになり、ぐっすり眠るようになりました！

私には「夜中に小便に起きる」癖がありました。私が懐中電灯を点け、熟睡している両側の「五七」戦士を照らすと、様々な奇妙でおかしな顔つきが私の目に映りました。ある者は穏やかな表情をし、ある者は眠っているような、いないような顔つきでした。ある者は口をゆがめ、ある者は口をとがらし、ある者は目を開け、ある者は目を細めていました。ある者は大きな音でピチャピチャと舌を鳴らしていました。それはまるでおいしい料理を味わっているようでした。またある者は鼻を歪めてやぶにらみをし、口からよだれを垂らしていました。ある者はグウグウといういびき声が雷のようでした。またある者は荒い息を吐き、まるでふいごを吹いているかのようでした。またある者は心地よさそうな笑顔をし、またある者は憂いに沈んだ顔つきでした。ある者は口を歪め歯をむき出しにし、ある者は怒って歯ぎしりをしていました。またある者は銅の鈴のように大きな目を開け、ある者は両眼でじっと私を見つめているようでした。またある者は眉にしわを寄せ、ある者は眉を吊り上げていました。またある者は枕を抱え、ある者は大の字になってまっすぐ上を向いて寝ていました。ある者は牛のようにたくましく、ふくらはぎもはちきれんばかりに丸々していましたが、ある者は痩せこけて肉も少なく、まるで陰干しにしたミイラのようでした。ある者の顔は白くて柔らかく、またある者は黒光りがしていました。ある者は顔中皺だらけで、ある者はあどけなく魅力的でした。こっちが舌打ちしたかと思うと、今度はあっちが大声で叫び、ある者はハハハと大笑いをし、ある者はウウウとうなりました。ある者は……ある者は……。同志たちの熟睡する様子はそれぞれ違い、新しい「スタイル」が生まれ、一目見るだけで、怖くなったり、おかしくなったり、驚いたり羨ましくなったりしました。けれども彼らの、祖国に忠実で、人民に忠実で、党がやれと言ったことは何でもする一心同体の純粋な感情は、「天の神地に降り、その輝き人を照らす」かのごときでした。

6、草取りおよびヒルとの戦い

生産中隊の主な仕事は畑を耕し農作業をすることでした。地面を掘り、水田の地ならしをし、田の畔を直し、田植えをし、雑草を抜きました。これらの農作業はみなとてもつらいものでした。けれども最も疲れるのが草取りで、最も人を悩ませたのがヒルでした。

まず草取りからお話ししましょう。草取りをするには、必ず腰をかがめ、うつむき、中腰の姿勢にならなければなりません。むき出しのすねを冷たい水の中に浸し、両手を雑草の茎に沿って泥の中に差し入れ、草の根を触りながら力いっぱい上に抜くのです。最初のうちは元気があって、腰を曲げては抜き、曲げては抜き、スピードも速いのです。けれど一時間もしないうちに、足腰が痛くなって体をまっすぐに起こせなくなります。座って少し休みたいと思っても、尻は水面近くにあり、座りようがありません。仕方なく無理やり体を伸ばし、歯を食いしばって、言うことをきかない二本の手で、機械的に抜いて、抜いて……けれどさらに時間がたつと、もう我慢の限界です。二本の手はだるくてしびれ、感覚がなくなり、草を取ろうとしても取れず、足腰はまるで綿のようで、一歩も踏み出すことができません。どうしよう？「人の力は必ず大自然に打ち勝つ」です。私は両手を地面に着き、泥水の中でひざまずき、這いながら前に少しづつ、少しづつ移動していきました……一日が終わると、疲労困憊し、道を歩くのにもフラフラとよろめき、宿舎に戻るや否や力が抜けてベッドに倒れこみ、大の字になったままグウグウと寝てしまいました。

次にヒルについてお話しします。ヒルは背中が暗緑色をしていて、数本の黒い筋の間に薄黄色をした縦じま模様があります。私たちが水田の作業に集中していると、そいつは誰にも知られないようにこっそりとふくらはぎに這い上がり、特有の吸盤をつかってしっかりと吸い付くと毛細血管に麻酔剤を発射し、痛みの感覚をなくさせ、血小板を破壊すると、全力で人の血を吸い取るのです。腹いっぱいになると、そいつは体を膨張させ十数センチほどの長さになると自然に転がり落ち、逃げていきます。でも残された私たちの方は何の感覚もないままに皮膚が破れて、血が流れているのです。臆病な同志はその有様を見て驚きのあまり金切り声を挙げ、度胸のある同志もこれにはなす術がありませんでした。経験のある同志が、みんなにこう教えました。「ヒルに対しては手のひらで強くたたくしかない。決して、ゆっくり引っ張ってはだめだ。ゆっくり引っ張ったら、そいつはびっくりして、もっと肉の中に潜り込んでいくぞ……」

これは実践から導き出した理論です。果たして私たちは法に基づいて行動することに巧みになりました。私たちが二度目に田に入り、田植えや草取りをした時には、あちこちからヒルを叩く罵り声が起き、また、しきりに嘆息する声が聞こえました。ヒルが頭をなぐられ、丸く縮むと、私たちは力いっぱいそいつを揉んでペースト状にし、田に投げ捨て、水に浸けて肥料にしました。

7、蛇を相手にする

私が農作業をするようになってほどなく、軍事管制組は私が泳ぎが得意であることを聞き、私を水の見張り番に配置換えをしました。水の見張り番の責務は、雨の日に流れる雨水を池に引き込み、しかも堤防を決壊させないことでした。田に灌水しなければならないときは、水門を開いて放水し、しかも溢れ出ないようにしなければなりません。忠実に職務を果たすため、私は毎日スコップを担いでこっちの池からあっちの池へと巡回しました。池の土手を巡りながら水の状態を観察し、決して自分の目の前で池の水を流失させてはなりませんでした。もし水が滲み出ている場所を発見したなら、必ず池の中に下りて漏れている所を捜し、穴をふさがなくてはなりません。潜水中に池の中に眼鏡を落とさないように、稲わらの縄を眼鏡のつるにしっかり結び付け、首につなぎました。いつも池に潜るので、長い髪は邪魔になり、また不衛生なので、思い切ってツルツルに剃ってしまいました。私は山西省五台の出身なので、みんなはふざけて私のことを「五台山から下りてきた老和尚」と呼びました。こうして「老和尚」は私のあだ名になり、すぐに「五七」戦士の中に広まりました。

水の見張り番の責任は重大です。雨が降りだすと、農作業をする人たちはいつでも雨風をよける場所に駆け出して行きますが、水の見張り番は、まさに風雨をついて池まで突進していかなければなりませんでした。それは雨水が流れ出たり、水が溢れて堤防が崩れたりすることを恐れたからなのです。

私を最も恐れさせたのが夜間に雨が降ることでした。並の雨でも大雨でもあるいは雷を伴った風雨でも、また黄昏時、宵の口あるいは真夜中を問わず、雨音がしたらそれは出動命令なのです。だからすぐに蓑を羽織り、笠をかぶり、蛇にかまれないようにゴム長靴をはき、手に懐中電灯を持ち、スコップを肩に担いで、外に飛び出し雨の中を走って、つるつる滑るあぜ道に沿って池の周りを巡回して調べました。

ここの蛇は大部分が水蛇で、体はさほど大きくなく、一般的には五〇センチくらいでした。けれども数が多く、特に夜には活動が活発でした。懐中電灯で照らすと、あの緑と黄色のまだら模様の燐光を光らせた水蛇がしょっちゅう私の前後を逃げ回ります。水蛇には毒はありませんが、不意にそいつにかまれると、とても痛いのです。田の畔で身をくねらせている水蛇に対しては、ちょっと足を踏み鳴らすか、スコップで地面を払いさえすれば、すぐに色鮮やかな体をくねらせて水田の中に逃げ込み影も形もなくなります。もちろん、中には狡猾で、腹黒いやつもいて、少しも弱みを見せず、小さな頭を持ち上げ、細い舌を伸ばして私を威嚇します。けれども私がスコップで一突きすれば、簡単にこのいやらしい冷血動物は驚いて逃げて行きました。数か月が過ぎ、すべては平安無事でした。

　けれども、ある夜中のことでした。一匹の太く大きな毒蛇が私に道を譲ろうとせず、私がどんなに「草を叩いても」足を踏み鳴らしても、首を持ち上げ体を乗り出してきて道を塞ぐのです。こいつめ、人を馬鹿にしていやがる。私はもともと回り道をしてそいつを避けるつもりでしたが、そいつの方が私の方に向かってきたのです。私は急いでスコップを振り上げ勢いよくそいつに向かって振り下ろしました。これがそいつを怒らせました。頭を持ち上げ、体を弓なりにし、しっぽを揺らし、舌を出しながら、「シューシュー」という細い声を出して、まっすぐスコップめがけて攻めて来ました。その勢いのすごさといったら、まったく驚くほどでした。けれども、小さな蛇の頭ではどうして人の操るスコップを受け止めることができるでしょうか。私が突いて、蛇は咬む。蛇が咬んで、私は突く。突いたり咬んだり十数回の応酬の後、蛇は疲労困憊し、ぐったりとして畔の上に伸びてしまい全く動かなくなりました。私はうっぷんを晴らすかのようにスコップを高く持ち上げ、上下に振り下ろし、容赦なく蛇を十数個に切り刻んだのです。この毒蛇はまさに「羽蟻、木を揺すぶる＝身の程知らず」でした。

8、池に飛び込んで決壊口を塞ぐ

四月のある日の昼、幹部学校のすぐそばの池で、水門の不具合のために、貴重な池の水が外に流れ出したことがありました。たくさんの人々が堤防の上に立って叫び、おろおろしてなす術を知らない有様でした。この時、私と李金華同志は第三中隊からこの場所を経由してほかの場所に行く途中でしたが、有無を言わせぬ状況にあるのを見て、上着を脱ぎ、池に飛び込んで問題の箇所を探しました。すると水門の下の端と池の側面が接する部分が、水の勢いでえぐれて決壊口になっていたのです。私たちはすぐに詰め物をした数個の麻袋を、水門の下にできた数十センチの大きな隙間に力をこめて詰めこみました。それから足と体を使って水門につっかいをし、それを正しい位置に直し補強しました。流れ出ていた池の水はだんだんに止まってきました。これで雨季が来る前までの貴重な、冬から貯めてきた池の水を保持することができたのです。

私たち二人は堤防に這い上がると、凍えて全身が震え、上と下の歯が当たってカチカチと鳴りました。軍事管制小組の張自力同志が私たちの凍えた様子を見て、大急ぎで売店から二鍋頭[9]を一瓶持ってきて、私たちに飲ませて寒けを追い払わせようとしました。しかし栓抜きがなかったので、彼はすぐにレンガのかけらを拾って瓶の首を叩き落とし、私たちに急いで飲ませました。私は全く酒が飲めなかったので、一口飲んだだけで、食道のあたりが熱くてたまらなくなり、すぐに熱気は中から外に出てきて、全身がとても暖かくなりました。けれど胃が痛くなってしまいました。

この時池に飛び込み決壊口を塞いだことで、私の左膝の痛みが誘発され、また胃病もひどくなりました。けれど私たち二人の行為は一致して好評を博しました。多くの同志が深い思いを込めてこう言いました。「五七」戦士は困難の前でもうつむくべきではない。犠牲を恐れず、頑張れる人であるべきだと。

9、赤い粘土は羅山人民の「安楽の土」である

外経委員会の「五七」幹部学校は、連綿と起伏する丘陵地帯にありました。その土壌は赤色を呈していて、酸性で、稲や茶葉の栽培に適していました。四月以降になると、人々の目の前に現れるのは山間の平地や谷間に棚田が幾重にも並び、それが貯水池に映り、緑の稲が青々と茂る姿です。見たところ私の故郷五台県よりずっと立派でした。

「五七」幹部学校では主に水稲、小麦を栽培し、あわせて少しの野菜と茶葉も作り

ました。稲には毎年たくさんの水が必要です。けれどもここには川もなければ、井戸もないのです。いったい水はどこから来るのでしょうか？　当地の伝統的なやり方はこうです。高い場所にある平坦な地点を選び、適当な広さの、深さ三、四メートルの池を掘り、雨季を待って水をため、それを灌漑と、人や家畜の飲み水にするのです。これは当地の人民が雨水という資源を存分に利用したある種創造的な労働の成果でした。

池はみな赤い粘土地帯に作られました。赤い粘土はきめが細かく、粘り気が強く、水の浸透性が低いからです。池はここの人民が赤い粘土のこのような特性に基づいて、有効に雨水を利用した一種の水利システムでした。このような水利システムは、水利のための建造物を何も建築する必要がなく、ただ池の高い場所に水の取り入れ口を作って、水を池に引き込み、池の低いところに出水口を作り、水を細い灌漑水路に流せばそれで灌漑できるのです。これは正に「あり合わせを使って節約する」であり「現地で金を集め」た傑作でした。百姓たちが「池は俺たちの命だ。赤い粘土は俺たちの安楽の土だ」と言っているのも道理でした。

安楽の土ではありましたが、それにはいい面も悪い面もありました。[10]

赤い粘土には水を含むと膨張し、水分を失うと収縮するという顕著な性質がありました。いったん雨が降ると、幹部学校の敷地内の三里ほどの道路は、すぐに柔らかくドロドロになりました。人がその上を歩くと、まっすぐに歩けず、靴は赤い泥に粘りつかれ、抜こうにも抜けなくなります。車がその上を走ると、柔らかい泥があたりに飛び散り、車輪が回るだけで、前進しません。こんな時は、スコップを使って車の前後の泥をさらって、車はやっと何とか這い出すことができるのです。やれやれ！　雨の日の赤粘土の道は本当に困ったものでした。けれど雨がやんで晴れ、強い日差しが数時間当たれば、人に踏みつけられ、車に押しつぶされた泥の塊は、すぐに石のように固くなります。人がその上を歩くと、足の裏に当たって痛いほどでした。車がその上を行くと、まるで玉石の道の上を走っているかのようで、乗っている人はあまりの揺れに眉をひそめ首をちぢめるのでした。後に私たちが「五七」戦士のために宿舎を建てたとき、建物の安定性を保証するために、赤い粘土の土台に、「三和土」[11]や「石積み」などの処理をして、透水性を減らし、建物が沈むのを防ぎました。

10、製紙工場についての考察

一九六九年四月一〇日、軍事管制小組は私を第三中隊から移動させて、羅山県の農機具工場を外経委員会「五七」幹部学校の製紙工場に作り変えるための考察と研究をさせました。

私と陳耀明同志は四月一三日から五月七日まで、羅山県革命委員会の生産、水利、電気事業組合と、農機具工場、龍山ダム、農業副産品の購入販売所、五一総工場さらには城関、莽張、潘新、彭新、子路の人民公社と瀋畈、宋楼、十里塘の生産隊など十数か所の機関を相ついで訪れ、供給、生産、販売について実地視察をしました。そして出した結論は、「羅山県農機具工場を私たち幹部学校の製紙工場にするのはふさわしくない」でした。なぜなら工場を建てることは食糧を作ることとは違います。食糧は一年に一回作るだけですが、工場を建てるには少なくとも十五年から三十年を予測しなくてはなりません。特に生産、供給、販売は工場全体を構成するもので、そのうちのどの一つが欠けても、不完全なものとなり、後顧の憂いが絶えないことになるでしょう。ですから決して性急に事を運んだり、一時の情熱に任せて決めてしまったりしてはならないのです。

羅山に建てる製紙工場の主な原料は県内で生産される稲わら、麦わら、ゴマがらそして竹などでした。そのうち麦わら、綿がらそしてゴマがらの年間生産量は一、一億斤で、その量は少なくはありません。しかし基本的にそれらは民衆の炊事に使われています。竹の生産量は少なく、毎年広東、広西、湖北、湖南各省から買い入れなければなりません。生産量の最も多いのが稲わらで、年間生産量は約二、五億斤です。けれども牛の飼料が約八〇％を占め、家を新しく建てたり修理したりするのに使うのが八％、残りの大部分はかまどで燃やされます。総じて見ると、羅山県内の稲わらの余剰はいくらもなく、望み薄でした。もし敢えて一日に五トンを生産する小さな製紙工場を作るなら、勢い「牛と食料を争い」「民と燃料を争い」「兄弟工場と原料を争う」という局面を迎えることになります。そして一旦このようなことになったら、あとの結果は想像するに耐えません。さらに言うと、紙パルプを作る過程で、毎日五、六〇〇トンもの酸とアルカリの汚水を小潢河に放水しなければなりません。この汚水は必ず将来小潢河を汚染して臭い水の流れる川にし、その結果きっと民衆の身近な利益を侵害し、人民の心身の健康を害し、党と人民との関係を損なうことになるでしょう。

原料の不足と汚水が人々を害することを考えれば、たとえ水と電気の供給が保証され、交通が便利で、工場の建物がすでにできてはいても、やはり羅山県の町に製紙工場を作るべきではありません。

軍事管制小組は何度も検討した結果、私たちの「工場を作るべきではない」という意見を受け入れました。

11、後方支援組の組長

一九六九年五月九日、軍事管制小組は「幹部学校指導者小組拡大会議」の開会を宣言し、私を後方支援組の組長に、楊華清、鍾国良を副組長に任命しました。これより、私は単なる水の見張り番から、五〇〇〇人以上の「五七」戦士の飲食、排泄、睡眠に関わる後方勤務の仕事を担うことになりました。その負担は実際軽いものではありませんでした。

後方支援組は幹部学校全体の基本建設隊、運輸隊、機械修理班、運転手班、食堂、売店、倉庫、医務室、財務など多くの部門を統一的に管理していて、全部で七十五人いました。後方支援組は間口が広く、部門が多く、扱う事柄が雑多で、秩序が乱れがちでした。職種も複雑で、多種多様、まさに「誰の口にも合う料理は作れない、大衆の意見は至る所に氾濫する」の状態でした。五十以上の生活とインフラに関する問題を解決するため、後方支援組の数人の指導者はほとんど毎晩夕食の後深夜までさらには明け方まで会議をしました。

その頃は極端なプロレタリア階級政治と階級闘争に力を傾注した時代でした。「革命に力を入れ、生産を促進する」のスローガンのもと、人々は「労苦をいとわず、恨み言を言われても気にしない。苦しみは先に、福祉は後に」の思想を樹立しなければならなかったのです。後方支援組の指導者たちはみな、昼間は労働、夜は会議で、過労のためにくたくたでした。

12、人並み優れた外国語幹部たち

私は決まって運輸二班と一緒に労働しました。二班は全員が外国語の幹部でした。彼らはみな二十歳そこそこの若者で、仕事をするとまるで若い虎のようでした。その中でも呉永亮、許家象、賈俊甫、彭大富、劉錦鋼、施何求、沈富騰、張立中といった同志はひときわ目立っていました。

八月の真昼、焼けつくような日差しの中では、昼飯をもろ肌脱ぎで日陰にしゃがんで食べていても、汗びっしょりになります。体中の汗が背骨を伝わって下に流れ落ち、ズボンのベルトを濡らしました。けれどこの若者たちは炎熱の太陽を頭に受けても、元気いっぱいでした。私は、××川の砂州に行って砂を運んだ時のことをよく覚えています。車が止まるや否や、彼らはトラックの荷台から飛び出し、じりじり照りつける太陽のもと、スコップを振り動かし、トラックの荷台に砂を積み込みました。七、八本のスコップが上下に舞ったかと思うと、すぐに二台の解放型四トントラックは一杯になりました……龍山の採石場へ行って石を運ぶ場面ではもっと感動させられました。彼らは三十度以上の高温の中、上半身裸で、下は短いズボンといういでたちで、大きな石に向かい合い、「一、二、三」の掛け声とともに、「よいしょ」という一声で、角張った重さ百十数斤[12]あるような大きな石を台車に投げ上げました。けれど、彼らの胸も腕も鋭くとがった石で傷つき、流血が止むことはありませんでした。たとえそうであっても、彼らはつらさを訴えることもなく、歯を食いしばって、一回一回往復して運びました。それは幹部学校のために運搬費を節約するためでした。このようにして、専門の運転手の李長有、張根栄、衛剛、張文亮たちと、兼任運転手の張国荃、李承偉、梁永昌、周慶禄たちの積極的な協力のもとで、「五七」戦士自身の組織が施工する二五〇〇平方メートル余りの基本的建設工事と、幹部学校内の道路を完成させるために必要なレンガ、瓦、砂、石、セメント、石灰、鉄筋などをすぐに提供したのです。それで幹部学校は一万元近い金を節約することができました。

　これらの若者は体力を使う度合いが大きいことと、幹部学校のために支出を節約していることを考え、幹部学校へ要請し、同意を経て、彼らの毎日の朝食に一人一つか二つ卵を増やし、ほかに運転手に〇・二七元を出車補助費として増額して支給しました。運輸班が車で仕事に出ているとき道で西瓜の行商に出会うと、私はすぐに車を停車させ、みんなに西瓜をご馳走しました。私が嬉しそうに財布のひもを解き、みんなに暑さしのぎをしてもらうたびに、みんなはきっと同志としての温かみを心から感じとってくれただろうと思うのです。

13、尊敬を受けたエンジニア

レンガを運んで家を建てたことについて言えば、楊華清、付良珂、常景新、陳加墀、陳家強、田墾、何岺、熊光裕、蘇台安など多くの同志のことも忘れてはなりません。これらの同志は基本建設工事、住宅、井戸掘りのために多くの心血を注いでくれました。宿舎の設計のために日夜骨を折り、一平米当たり工事費が四〇元を超えないようにと知恵を絞りました。彼らはいつも茅葺の家の木製ベッドの上に円くなって座り、暗い灯火の下で、そろばんをはじき、一平米当たりのコストについて思案していました。木材構造、コンクリート構造、空洞のない壁、ひさし、天井、断熱材、斜面の防護、平らな地面、防湿、防音、建物の向き、桁の距離、つなぎ目を塗りつぶすことなど一つ一つ細かい点まで、微に入り細に入り検討しました。一つの設計プラン、一つの施工図面のためにいつも明け方まで検討していました。施工の時は、彼らはまた入念に測量し、自ら手を下してレンガや石積みをしました。正にこれらの同志が一緒になって努力した結果、五月初めから八月末までに、私たち「五七」戦士自らの組織が施工した六五四平方メートルの基本建設プロジェクトが完成したのです。羅山県建築隊が「工事は請け負うが、材料は請け負わない」という形で担当した一〇棟一八〇〇平方メートルの宿舎も順調に完成しました。毎朝起きると、まず目に入ってくるのがもとは丘陵の荒れた傾斜地だった場所に並んでそそり立つ赤いレンガの建物でした。これは正に「紅瓦の新舎平地に起ち、傾斜地荒田は新しき村に変ず」でした。新しい建物は一棟がそれぞれ一一九平方メートルあり、四世帯が住みました（編集者注：新しい建物は一列が八部屋、あるいは八戸だった）。家族用は一六平方メートル、単身用は一三平方メートルでした。その真っ白な内壁、広くて明るいガラス窓、そして広い雨よけの渡り廊下は、青空を載せ、白雲を映していました……

八月の三伏[13]の期間、雨の後は晴天になります。「五七」戦士たちが大喜びでじめじめとした薄暗い茅葺の家から、笑いながら明るい新しい家に引っ越して行くのを、後方支援組と運輸班の同志が見送ったとき、誇らしい気持ちが自然に沸き起こりました。

14、吐き気をもよおさせる飲料水

幹部学校は丘陵地帯にあったので、雨水は十分足りていました。資料の記載によると、羅山県の平均年間降雨量は一二〇〇ミリです。この一帯の農民の飲み水はすべて池に流れ込んだ雨水に頼っていました。毎年雨季になると、用水路からあふれ、人畜の糞尿や寄生虫の卵の混じった雨水を人々は池に引き入れました。この池の雨水は人や家畜がともに飲み、また地面に撒いたり衣服を洗ったりするのに使われ、この土地の人民の命の源でした。毎朝、「五七」戦士たちは次々に嫌なにおいのする池の周りに丸くなってしゃがみ、ある者は歯を磨き顔を洗い、ある者は服を洗い足を洗い、ある者は米や野菜を洗い、またある者は泳いだり身を清めたりしていました。そこには浮遊物が照り輝く太陽のもとで漂い、池の周りのへどろはある場所では黄緑色、ある場所では真っ黒でした。手で触るとねばねばしていました。一目見ただけで嫌な気分になり、吐き気をもよおし、イライラしました。注意深い人たちは、気を付けて昼間の濁ったときを避け、もっぱら夜が更けて人が寝静まるのを待って用事をしました。空一杯に星のきらめく夜でも池の方からジャブジャブという物をゆすぐ音が聞こえてきました。

汚れた池の水のために、同志たちの消化器官の発病率が絶え間なく上がりました。幹部学校当局はこのことを重く見て、飲み水専用の池を決め、この池で物を洗ったりすすいだり、家畜に水を飲ませることを固く禁止しました。あわせて飲み水専用の池の下の方に五平方メートルばかりの浅い池を掘り、細かい砂などを使って濾過を行ないました。浄化された池の水は底が見えるほどに澄んで、水質が改善しました。けれど水量があまりにも少なく、需要を満たすことはできませんでした。

高品質の飲料水があるかないかが、「五七」幹部学校がやっていけるかどうかのカギになっていることは明らかで、真剣に解決を図らなければなりませんでした。

15、黄色い泥水に小躍りする

幹部学校のために深い井戸を掘ることが、外経委員会指導小組によって批准され、同意されました。

一九六九年六月八日、私は幹部学校の校長羅漢林同志に同行して、河南省地質隊に井戸を掘る件について相談に行きました。私たちは解放型の大きなトラックに乗って、羅山の町を出発し、信（陽）潢（川）公路を東に進み、八一キロメートルの所で寨（河）新（県）公路の方に曲がり南進しました。光山県の町を過ぎ、潑河ダムを迂回し、起伏の激しい山岳地帯に入りました。山道はでこぼこで、車は上下に揺れて難儀しました。潢河を渡るとすぐ、滸湾に着きました。ここが省の地質一一隊本部のある場所でした。

先方は親切に後押ししてくれました。六月一三日には十六人の井戸掘り部隊を派遣し、井戸掘りの機械設備一式も幹部学校に届きました。

一四日には井戸掘りのための支柱が立ち、試運転が始まりました。

一五日、丘陵の上に高くそびえる井戸掘り機は直流発電機の力で、ゴロゴロというなり声を幹部学校の上空に響かせました。人々は喜びにあふれた目でドリルパイプがまっすぐ地下に向かって掘り進んでいくのをじっと見つめていました。次々に岩芯がドリルの中から取り出されてきました。けれど岩屑の中には人々が渇望している地下水の跡は全くありませんでした。井戸掘り隊は気が気でなく、一日中ドリルの台座の周りをぐるぐる回り、澄み切った地下水があふれ出てくるのをどんなに待ち望んだことでしょうか？一日一日と過ぎていき、五〇メートル余りまで掘り進みましたが、やはり含水層は見当たらず、人々の心は冷めかかってきました。

二三日、七〇メートルまで掘り進んだとき、突然井戸の管の中から途切れ途切れに黄色い泥水が噴出してきました。みんなは大喜びして手を叩き小躍りしました。連続四日間の抽水試験と、梅世全機械長自ら行なった、たまり水の水位の測定により、毎時一、二トン、一昼夜で約二十八トン出水することができ、しかも水は変なにおいがしないことがわかりました。地質隊が繰り返し鑑定したところ、完全に飲み水に使えました。けれども出水量があまりにも少なく、幹部学校全部の生活用水をまかなうことはできませんでした。

飲み水不足問題は依然として徹底的な解決が図れませんでした。このため、委員会の指導小組に報告し指示を乞い、再度井戸を掘る許可を得ました。しかし、天は人の願いを叶えてくれないものです。ドリルの先が一二二メートルに達しても、含水層は現れませんでした。これは不吉な前兆でした。水利地質資料を調べると、私たち幹部学校区域の地表には川の流れがなく、降水量は多くても土質が細かいため、地下にしみこむ量がわずかで、そのために地下水の元になる水源がないのです。そして地下水がたまっていないということは、深い井戸を掘って飲料水の問題を徹底的に解決しようというのは、単なる虫のいい望みでしかありませんでした。やむを得ず、思い通りではなかった最初の井戸を、セメントで覆って動力ポンプで汲み上げる井戸に作り変え、引き続き飲み水として提供しました。飲料水問題は徹底的な解決には至りませんでしたが、この後の苦しい日々、この六〇メートルの深さの動力ポンプで汲み上げる井戸は、「五七」戦士と当地の民衆のために高品質で澄んだ飲料水を提供しました。

16、北京に戻る

私はもともと羅山の「五七」幹部学校で無期限に改造されるつもりでいました。けれど月日は移り、山は巡り道は曲がるように物事には曲折があるものです。私が全身全霊を投入して幹部学校の後方支援の仕事をしていたまさにその時、よい知らせが届いたのです。

一九六九年八月二〇日、たまらなく蒸し暑い天気で、悪辣な太陽が照りつけ全身刺すように痛い日でした。葛秀龍同志が汗を拭き拭き、幹部学校の指導小組に、軍事管制組長劉大煜[14]同志からの八月一三日付の手紙を届けに来ました。そこには「外経委員会指導小組は魏玉明、程飛、藺雪峰の三名の同志を委員会に呼び戻し別の任務を与えると決めた。知らせを受け取ったら、引継ぎの手続きを行ない、すぐに委員会に戻るよう……」と書かれていました。すぐに邢路同志が後方支援組長を引き継ぐことが公表されました。この後の数日間、私は急いで手元にあるいくつかの仕事を完成させ、基本建設、運輸、井戸、財務、炊事そして冬季の暖房用石炭などに関わる十余りの具体的な問題と、関連する文書を邢路同志に引き継ぎました。

八月二七日の夜、倉庫の中庭で後方支援組の全体大会が開かれ、私は離任のあいさつをし、邢路同志は秋冬の仕事の割り振りをしました。二八日、軍事管制小組の張国忠同志の引率で、私たち三人は幹部学校に別れを告げ、万事順調に信陽に到着し、汽車に乗り換え、三〇日の午後には無事北京に到着しました。

三〇日は日曜日でしたが、これは私にとって半年ぶりの本当にリラックスした一日になりました。私は泳ぎたくなり、自転車で京密運河まで行き、まるまる二時間泳ぎました。運河でゆったりと泳ぐのと、羅山の幹部学校の濁った池で泳ぐのとでは正に天と地の開きがありました。青々と輝く空の下で、平泳ぎをしたり、背泳ぎをしたり、横泳ぎをしたり、また「犬かき」をしたり……。私の心はゆったりしてとても愉快でした。半年来の心身にたまった疲れは、ゆっくり流れる運河の水に流され影も形もなくなりました。

17、仕事に戻る

九月一日、私は相変わらず「五七」戦士の服装で、時間通りに外経委員会の正門をくぐりました。私のこの坊主頭で、汚れた身なりの、真っ黒な顔が突然陳慕華同志[15]の目の前に現れたものですから、彼女は「あっ」と声を上げて、思わず椅子から立ち上がりました。私を上から下まで一わたり見渡すと、すぐに固く私の手を握りました。お互いじっと見つめ、しばらくは話もできず、ただひたすら握った手を振るばかりでした。二人とも目が真っ赤でした。これは数秒の短い時間のことでしたが、ここには「言葉より涙が先」という同志としての深い情が含まれていました。あれから数十年がたちましたが、この時の情景はいつまでも私の記憶の深いところにあり消えることはありません。

午後、軍事管制小組の正副組長である劉大煜と鍾羽翌から呼び出しがあり話をしました。続いて方毅[16]主任と謝懐徳副主任から私たちに対して重要な指示が出されました。その要点はこうです。

「革命に力を入れ、生産を促進し、政治に力を入れ、学習に力を入れ、思想に力を入れ、大胆に仕事をしろ。ゆがんだ気風、悪しき風潮には恐れずぶつかって闘え、間違った思想に対して傍観してはならない、妥協するな、なあなあでまとめるな。幹部学校の成果を宣伝し、広範な貧農・下層中農が毛主席の最新指示を実行している模範的な行動を宣伝せよ。不安定な国際情勢を真剣に研究せよ、国別政策研究をしっかりやれ、政治、経済、技術の三方面から対外支援の項目をしっかりつかめ。対外活動においては過度に親切であったり、過度に単純であったり、また過度に積極的にならないようにせよ。一切は実際より出発し、実事求是[17]を堅持せよ」。

九月三日、業務一組の責任者韓宗正、陳慕華同志が、業務一組の主要な職務と組織の設置そして当面の仕事について説明してくれました。業務一組の主要な職務は、国別政策執行についての研究、外国政府との折衝、対外援助項目についての考察と検討でした。業務一組はみんなで六十六人おり、韓宗正、陳慕華、魏玉明と私の四人が責任を負いました。対外的には「責任者」と呼ばれていました。

〔二〇一六年一月二八日、編集者が抜粋、整理、注の挿入、小見出しの追加を行なった。〕

程飛（てい・ひ）：原名は趙澍生、元外経部副部長。一九二四年生まれ、山西省五台県の人。三七年春共産党指導下の革命闘争に参加、三八年四月従軍。四〇年九月入党。六五年から外経委員会第三局の副局長、局長を務め、七八年外経部副部長に、八三年経済貿易部顧問になる。六九年三月九日から八月三〇日まで、河南省羅山の外経委員会「五七」幹部学校にいた期間、水の見張り番と後方支援班班長を務める。本文は程飛自伝『鏤骨』（二〇〇五年六月中国文芸出版社）より抜粋。

1　「食い違っている」、このことについては、第一篇（二四頁）を参照。
2　「三反分子」については、第一篇（四九頁）を参照。
3　「豫鄂辺区根拠地」は、河南省と湖北省にまたがる革命根拠地。一九三一年四月に中央分局（張国燾書記）が成立。紅軍第四方面軍（徐向前総指揮、陳昌潔政治委員）も成立する。三四年一一月第四軍が長征に出たあとに紅軍二八軍（高敬亭指導）が出来、抗日ゲリラ戦を三七年まで行なう。四七年劉伯承・鄧小平がこの地に入った後、解放区となる。
4　「夜の報告」については、第一篇（五七頁注8）を参照。
5　「前門」は、上海産のたばこ「大前門」の略称。大衆向けの値段で、人気の銘柄。
6　「紅宝書」は、「毛主席語録」のこと。赤い表紙であったことからこう言う。
7　「東方紅」は、一九四〇年から七〇年代の毛沢東賛歌。「東が赤くなり太陽が昇った　中国に毛沢東が出た　彼は人民の幸福を図る　ああ　彼は人民の大きな救い星」。四三年冬、農民歌手・李有源が陝西の民謡「白馬に乗って」の旋律で中国共産党と毛沢東を称えた歌。国歌と同等の意味を持った。七〇年に打ち上げられた中国の人工衛星からも流された。
8　「大別山革命根拠地」は、天堂寨を中心とする大別山区で紅軍第四軍誕生の地。大別山は、河南省と湖北省と安徽省の各省境にある。
9　「二鍋頭」は、北京の地酒でアルコール分は約六〇度ある。
10　「いい面と悪い面」、原文は「一分為二」。もともとは一九六〇年代に、矛盾の闘争面を強調し、階級矛盾を重く見る毛沢東の命題。楊献珍の〝合二而一〟を批判するものであったが、二つの面から全面的に見たり考えたりするという言葉として、日常的によく使われる。
11　「三和土」は、石灰・粘土・砂に水を加えて煉り合せたもの。

12　百数十斤は、一斤が〇・五キログラムなので五〇キログラム以上になる。

13　「三伏」とは、初伏（夏至の後、三番目の庚（かのえ）の日）、中伏（第四の庚の日）、末伏（立秋の後の最初の庚の日）の夏の最も暑い期間のこと。

14　劉大煜（りゅう・だいいく）、（一九〇六―八二）。一九三二年入党。江西省贛県ソヴィエト政府財政部長など。中国工農紅軍第九軍団連指導員、長征に参加。建国後、第七軍政治部幹部部副部長、後勤部幹部部部長など。六一年陸軍少将。

15　陳慕華（ちん・ぼか）、（一九二一―二〇一一）。女性。浙江省青田出身。一九六五年対外経済委員会副局長。文革で走資派として打倒されたが、七一年周恩来の助力で復活。七一年以後、対外経済連絡部副部長、部長。七八年以後国務院計画生育領導小組組長、主任を歴任し、一人っ子政策に関わる。

16　方毅（ほう・き）については、五八頁注19を参照されたい。

17　「実事求是」とは、事実に基づいて問題を処理すること。出典は『漢書』河間献王伝。一九四一年毛沢東は「われわれの学習を改造しよう」で、「実事」とは客観的に存在するあらゆる事物であり、「是」とは客観的事物の内在的関係すなわち法則性のこと。「求」とは研究することだと説明した。以後、中国の現実を軽視する教条主義を批判する際に強調される。一九七八年には、思想解放と合わせて強調された。

第三篇　「牛小屋」の監禁から「特捜班」参加へ

卜明

一九六九年の春節のこと、「牛小屋」（編集者注：西城区阜外大街二二号にある元外経委員会の二号事務棟に、政治的に問題のあるいわゆる「牛鬼蛇神」のために毛沢東思想学習班が置かれ、隔離審査が行なわれた場所のことを指す）に監禁された人たちは、一年以上経験しなかった歓待を受けました。みんな腹いっぱい餃子を食べましたが、その量も制限されませんでした。飯を買う時も恐ろしい顔、白い目で見られることはありませんでした。これはとてもうれしいことでした。中国人は縁起を重んじます。私たちはこの伝統的な祭日の恩恵を受けたのです。

春節の後私たちは、外経委員会が、黒龍江省柳河「五七」幹部学校の経験を推し進めようとしていることについてあれこれ考えていました。新聞には「五七」幹部学校のことがなんども良く書かれていましたが、そこは所詮幹部の思想改造の場所でした。「牛小屋」に住んでいる者はたとえ下放しても、やはり監督されて労働しなければなりません。下放するということは左遷されるということで、革命指導幹部の下放は革命大衆の下放とは全く性質の違う鍛錬改造なのです。それでも、みんなはやはり希望を持っていました。幹部学校に行って労働するほうが、「牛小屋」に座っているよりいいだろうと。

三月二〇日、常彦卿、汪道涵[1]など少数の者を除いて、「牛小屋」の人々は家族に別れを告げることも許されないまま、幹部の下放の隊列に従ってトラックで羅山の「五七」幹部学校に行きました。羅山は河南省信陽専区[2]にある貧しい県です。十年の内戦、抗日戦争、解放戦争のあいだ、そこは私たち大別山革命根拠地[3]の辺境地区だったところです。私たちが来る前、羅山と息県にはいくつか労働改造農場がありました。科学技術委員会、第一機械部、外国貿易部、外経委員会、全国労働組合など中央の各部門がこの二県に「五七」幹部学校を作る前に、労働改造犯はすでに釈放され、移動させられ、残された数棟のぼろぼろの茅葺家屋が幹部学校の本部と宿舎にされました。学校に着くと、穀物畑、副業、基礎建設といった作業に基づいて仕事分担がなされました。すべての人が軍事編制の中に組み込まれ、各中隊には中隊長と指導員が置かれ、本部党委員会の指導を受けました。幹部学校にも軍代表がいて、生産も、運動もみな彼らの指導と管理を受けました。

清明節の春の種まきより前に急いで、家と農具を修理し、種と苗代を用意しなければなりません。これは幹部学校の重要な任務でした。「牛小屋」の人々は、「大衆独裁」[4]が継続していたので、ぼろぼろの茅葺小屋に押し込められ、毎日割り当てられる労働の量も他の「五七」戦士の倍はありました。朝六時に起床し、時には暗闇の中を野良仕事に出て、間には休憩もありませんでした。みんなが昼休みを取っていても、私たちは相変わらず麻を洗ったり、車を引いたりしなければなりませんでした。夜にはまた交代で、手押しポンプで水を汲み、炊事場にある数個の大きな水がめを水で一杯にしなければ休むことはできませんでした。夜中もゆっくり寝られません。しょっちゅう真夜中に集合の笛が鳴りました。「五七」戦士が広場で模範劇[5]の映画を見ていても、私たちは板の寝台の上に起き上がって座るように言われ、映画が終わるまで横になることが許されませんでした。このような度を越えた労働で消耗し、二か月たたぬうちに、私の体重は六十七キロから五十二キロに減ってしまいました。体力がもたず、同時に長期にわたって微熱が続き、肝炎も再発しましたが、それでも治療のために休むことはできませんでした。栄養不足のために、間もなく夜盲症があらわれました。こんな状態でも、労働は続けなければなりませんでした。そこに残っていた元労働改造所の管理人は「あんたたちの仕事は労働改造の受刑者よりも厳しい、よくまあ我慢できるもんだ」と言いました。

幸い七月中旬になって、「私心と闘い、修正主義を批判する」運動[6]を終え、私は「審査の結果潔白だったので、解放しても良い。併せて組織の生活を復活する」と宣言されました。私は「牛小屋」から第五連隊の野菜班に移り、労働条件は改善し始めました。治療を受け、体力もだんだんに回復してきました。

軍事管制組長の劉大煜[7]が七、八月ごろに羅山の「五七」幹部学校に視察にやって来て、若干の老幹部と会って話をしました。それはまるで意見の聴取と、思想工作のようなものでした。劉組長と私の話は十分にも満たないものでしたが、彼は私に下放鍛錬の感想を尋ねました。私は「階級隊列を整頓する審査」の中で私にいったいどんな問題が見つかったのか彼に尋ね、組織として明確に書面で結論を出してくれるよう頼みました。彼は短くこう言いました「事の起こるには原因有り、されど調べても実証なし」。またこうも言いました「老同志は調べれば調べるほど潔白だった。潔白だと言っているのだからそれでいいではないか」。私に対してだけでなく、審査を受けたほとんどの者も、大概こんなことなのだろうと思いました。今に至るまで、組織はずっと私に「牛小屋」で隔離審査をした理由を語っていません。後になって、やはり事件を処理した造反派が、私の重大な政治問題の性質は「特嫌」（編集者注：スパイ嫌疑）だったとそれとなく私に漏らしました。つまり造反派が浙江省に聞き込み調査に行ったとき、ある通報すべき材料を見つけたからだというのです。それは祝更生が蜂起した後、解放されて帰郷する者の中に、「自分は共産党政治委員と関係がある」と自称する者がいたが、その政治委員の名前を言わなかったので、この私が「スパイ容疑者」であるとされて重点審査が行なわれたのでした。当時浙東路南地区には四つの分遣隊があり、従って四人の政治委員がいました。そのうち三人の遊撃政治委員は浙東人民解放軍第六分遣隊（路南軍分区）の指導指揮を受けていました。四人の分遣隊政治委員の中で、私は第六分遣隊の政治委員だったので、最も重要な「スパイ」にされたのです。ほかの三人の政治委員（麗縉永武遊撃分遣隊政治委員の張之清、松宣遊撃分遣隊政治委員の林芸圃、永縉磐地区活動的独立分遣隊政治委員の高展）もみな厳格な審査を受けました。彼らは第一一期第三回中央委員会全体会議の後になってやっと結論が出たのでした。「文化大革命」の苦しい十年の間に、傷つけられたり、悔しい思いをさせられたりした人は千万にとどまりません。組織は、間違って痛めつけられ、処理された人々に対し「正しく党に向き合い、正しく民衆に向き合い、正しく運動に向き合い、正しく自己に向き合わ」なければならないと要求しています。組織は、あなたのために政策を実行したから、あなた個人は前を向き、運動中のことをもう持ち出すべきではない、と言うのです！

（編集者によるインターネットからの抜き書き：一九四九年三月一二日、祝更生は緊急会議を招集し、会議の席上、国民党反動派の時流に逆行する行動について心を痛めて語り、中国共産党と毛沢東の指導の下で、正義の旗を高く掲げ、革命に参加し、蔣介石を打倒し、中国全土を解放しようとみんなに呼びかけた。彼の義憤に燃えた言葉は、参会者全員の熱烈な支持を得た。その日の真夜中、祝更生は蜂起メンバーを率いて郊外まで行き中国共産党の部隊が松陽県城に入るのを迎えた。三月一三日、中国共産党代表の卜明が厳かに松陽の解放を宣言した。併せて卜明が浙江省第五行政区、すなわち金華、麗水地区の専門員を、祝更生が副専門員兼松陽県県長を担当し、松陽県民主政府が成立したことを宣言した。三月一五日、祝更生は全国に電報を打ち、松陽が蜂起したこと、蜂起したメンバーは中国人民解放軍に参加したことを宣言した。）

一九六九年春に羅山「五七」幹部学校に下放した後しばらくして、内外の闘争情勢が非常に緊迫してきました。とりわけ珍宝島事件の後、林彪が一号命令を出し（編集者注：一九六九年三月に珍宝島事件が起こる。林彪の一号命令は一九六九年一〇月である）、都市の人口を分散させ、「戦いに備え、凶年に備え、人民のために備えよ」そして「深く穴を掘り、広く食糧を蓄え、覇をとなえない」という最高指示のもと、都市では大規模に民間防衛工事が行なわれ、大小の三線建設[8]に拍車がかかりました。すでに「五七」幹部学校に来ていた幹部を動員して、家族全員を都市部から幹部学校に引っ越しさせることになりました。幹部学校ではこのために土木工事を大いに興し、家族のための宿舎を作り、幹部を北京にもどして引っ越し作業をさせました。その頃王迪（編集者注：作者の夫人）は原子力研究所で仕事をしていましたが、中央各部門は統一的な人員配置になっていたので、彼女は肩書を変えずに外経委員会幹部学校での労働を選択することができました。鳴颬、鳴亮はすでにそれぞれ江蘇省北部や吉林省の生産隊に入っていました。鳴綱は北京師範学院付属中学で勉強していましたが、幸い私が「解放」され、黒から紅になったので[9]、革命幹部の子弟ということになり、「ミサイル部隊」に従軍することができ、私が家族を迎えに北京に戻ったとき、ちょうど彼の送別に間に合いました。鳴鑑は花園村中学に入ったばかりで、歳も小さかったので、私たちと一緒に羅山に転校することに決めました。一家三人は長期農村定住のための準備をしました。（編集者注：鳴颬、鳴亮、鳴綱、鳴鑑は作者の息子である）

家族を迎えに北京に戻った一週間を利用して、私は昔からの戦友を何人か尋ねました。その時私は黒く痩せていて、一見したところ別人のようだったので、ほとんど誰だかわかってもらえませんでした。私の家は雑然としていました。二年来私が「牛小屋」に入り給料が停止されていたために、王迪は一人分の給料で四人の子供の面倒を見、さらに双方の老人を扶養せねばならず、生活が非常に苦しかったのです。けれど困難は人を鍛錬するものでもあります。誰も意気阻喪したりせず、誰もが困難を克服し、独立して生活する能力を鍛錬しました。私たちは混乱の中で試練を受けましたが、たゆまず闘争を続けました。子供たちは正常な学習の時間を失いましたが、いかに生活するかを習得しました。また私も、あらゆる機会を通して労働者・農民・兵士の生産や闘争の意志を学ぶように子供たちを励ましました。

王迪は幹部学校に来ると、第五中隊の飼育班の班長になりました。私がこの中隊の中隊長でした。彼女は豚、羊、鶏、鴨を飼育しました。それは原子力研究の仕事よりもちろんずっと簡単でしたが、とても疲れる仕事でもありました。頭脳労働から肉体労働への転換、それは「再教育」を受けるためで、徹底的に思想を改造するためでした。彼女はしっかり任務を全うし責任を果たしたので、みんなから称賛されました。鳴鑑は最初羅山の町にある羅山中学に寄宿し、後に幹部学校が自分たちで作った中学校で勉強するようになりました。

当時の規則では、外地にいる幹部の子女は、幹部学校に移り父母と同じ所で労働することができました。一九七〇年春、鳴颯は江蘇省北部から羅山に移り、まずトラクター班に配属され、後に付属機械修理工場で働きました。一九七〇年冬、鳴亮は私たちに会いに羅山にやって来て、一九七一年の初春、鳴亮と鳴堃は一緒に浙江省に行き従軍しました。鳴堃は騎兵、鳴亮は衛生兵、鳴綱は甘粛省武威の「ミサイル部隊」の特殊任務の兵士でした。三人の息子は一九七五年、一九七六年に相前後して復員し北京に戻って来た時には、みな共産党員になっていました。

一九七〇年の秋（編集者注：おそらく一九六九年の秋だろう）、幹部学校は自前で発電所を作っていましたが、ディーゼル発電機を運んでいた時、私は落ちてきた丸太で左足親指を粉砕骨折しました。筋骨のけがは百日で治せるといいますが、百日ではよくなりませんでした。病気で休んでいる間、私は何冊も医学書を読みました。私は何か病気になるとその本を読んだので、医学の知識が増え、健康の回復と保持にとても役立ちました。

一九七一年春節の後（編集者注：おそらく一九七〇年の春節の後だろう）、幹部学校では「一打三反」運動[10]が展開されましたが、その重点は「五一六」反革命組織[11]を徹底的に調べることにありました。その時、外経委員会はすでに外経部と改称され、たいそう簡素化されていて、事務組、業務組、政治工作組が置かれ、党、政、業務の仕事を処理していました。外経部の「五一六」反革命組織がいつ成立したのか、主なメンバーは誰なのか、どんな破壊活動を行なったのか、部も幹部学校の政治工作組も、よくわかっていませんでした。軍事管制小組の支持を得、実際に権力を握っていたのは、「労働者造反兵団」（編集者注：外経委員会の労働者と幹部によって構成されたが、幹部が多数を占めた。責任者も幹部だった）のボスでした。ですから調査の対象は、おのずから元「紅色連絡所」の各戦闘隊で、引っ張り出されてきた「悪いボス」か「黒幕」でした。（編集者注：「文革」前期の外経委員会の二大造反組織。「労働者造反兵団」側は主として方毅を守り、「紅色連絡所」の側は主として汪道涵たちを守った）。彼らは旗を振り鳴り物入りでひとしきり調査をしました。「紅連」の「悪いボス」たちの批判闘争をしたのです。自白を強要すると、一部の人が自白しましたが、あいまいに罪を認めるだけで、具体的な「五一六」反動組織の機構、人員、活動内容は出てきませんでした。やむを得ず、老幹部の経験を利用することを思いつき、いくつか特捜班[12]を作って一つ一つつぶしていくことになりました。そしてこの時に、私は特捜班に転属させられここで仕事をしたのです。

　半年間の特捜の仕事の中で、私は主に政治部のある処長と、ユニット会社の二人の科長の問題を調査しました。前者は政治部造反派の黒幕だと思われていて、権力奪取の前後（編集者注：一九六七年の上半期）に、外経委員会の主任を問い詰める、なかなか重みのある大字報を三度書いたことがありました。あとの二人は共に文筆に優れていて、「紅色連絡所」が所属するユニット会社の「井岡山戦闘隊」の「秀才」であり、「紅色連絡所」が造反奪権した時活発に活動した中堅人物でもありました。私は各人の経歴と運動中の身上調書を調べ、彼らの思想、仕事、生活の特徴を分析し、一つ一つ辛抱強く丹念に話し合いを重ねました。質疑、説明、胸中をさらけ出した話し合いを繰り返し、彼らの問題点が基本的にはっきりしました。事実から言えば、「五一六」反動組織など全く存在しませんでした。取り沙汰されているいわゆる「五一六」組織網と陰謀活動は、根も葉もない憶測で、派閥闘争の産物でした。明らかに、外経部が「五一六」を調べ上げることは、つまりは「労働者造反兵団」が「紅色連絡所」をつるし上げることにほかならず、しかも二者は部の指導に対して「革新」なのか「保守」なのかによって分かれているのでした。私は政治工作組に対して三人の自白資料を示し、一つには問題の性質を規定することができない、二つには罪名を言い渡すことができないと思うと言いました。手続きをすませ、特別捜査の任務を終えました。

一九七一年一〇月、私は肝炎が再発し、北京に戻って治療休養することになりました。王迪は私より四か月早く科学院原子力研究所に戻っていました。このころ、国内外に世界を揺るがす二つの大事件が起きました。一つは「九一三」事件で（幹部学校では秘密にされていて、北京に戻って初めて知りました）、林彪、葉群[13]、林立果[14]たちが寝返って国外に逃亡し、モンゴルのウンドゥルハーンで飛行機事故のために死亡したのでした。黄永勝[15]、呉法憲[16]、李作鵬[17]、邱会作[18]などの反動集団はこれに伴って失脚しました。二つ目は国際連合の第二六回大会において、中華人民共和国の合法的な議席を回復させるという二七五八号決議が通過したことでした。第三世界各国の団結と闘争が、アメリカを指導者とする敵対勢力の政治封鎖を打ち破ったのです。

一九七二年四月、私の病は癒え、外経部は私を事務組副組長に転任させると決定しました。それからほどなく、私は政治研究室の主任に任命されました。後に国際連合の多角援助の任務を担うために、外経部は政治研究室を第六局と改め、私を局長に、王子川、張賢務を副局長に任命すると決定しました。第六局は国連開発計画の部署であり、工業発展組織であり、経済社会理事会及び資本発展基金、児童基金そしてその他関係のある多角援助の国内窓口となる部署でした。ですから、外経部は二国間援助の主管部であるだけでなく、多角援助の部になりました。これ以後、私は国際多角援助の仕事に身を投じ、一九七五年七月に銀行に転任するまで、四年間国連の仕事をしたのです。

〔二〇一六年二月一日編集者が抜粋、整理、注の挿入を行なった。〕

ト明（ぼく・めい）：一九一六年七月生まれ、江蘇省無錫の人。一九三七年一二月長沙八路軍事務所の紹介により山西民族革命大学民族運動科で学習する。三八年四月入党。六五年春外経委員会計画財務局局長（党組織メンバー）を務め、七五年中国人民銀行局長（党グループ書記）を担当する。六九年三月から七一年一〇月までの、河南省羅山外経委員会の「五七」幹部学校にいた期間、最初は「スパイ容疑」で監視下に置かれ、その後第五中隊の中隊長を務める。この文は卜明の自伝『八十紀行』（人民出版社九八年第一版）より抜粋し編集したものである。

1 汪道涵（おう・どうかん）、第八篇注1（一七六頁）参照。
2 「専区」とは、行政督察区のことで、一九四九年以後「専区」と略称され、七八年以後は「地区」と改称された。
3 「大別山革命根拠地」は、第二篇注8（九三頁）参照。
4 「大衆独裁」、中国は憲法に「人民民主主義独裁」を明記している。文革時には大衆が問題のある人物、黒五類（地主・富農・反革命分子・破壊分子・右派）や牛鬼蛇神・裏切り者などの人物に強制的に労働させたり身柄を拘束して自白を強制したりした。
5 「模範劇」、文革中は、江青が指導した八つの模範劇しか演じられなかった。五つの京劇（「紅灯記」「沙家浜」「智取威虎山」「海港」「奇襲白虎団」）と二つのバレエ劇（「白毛女」「紅色娘子軍」）及び交響曲「沙家浜」である。これを映像化したものが各村を巡行して放映された。
6 「私心と闘い、修正主義を批判する」運動、第一篇注14（五八頁）参照。
7 劉大煜（りゅう・だいいく）、第二篇注14（九四頁）を参照。
8 「三線建設」とは、一九六四年から七八年まで続く全国工業建設の地域分けのこと。一線は東北・沿海地域。三線は、現在の西部地域(長城以南・東広線の西側)。二線は、一線と三線の間。

9　「黒」は反社会的なことを意味し、ここでは「牛鬼蛇神」であったことを言う。「紅」は革命的とかプロレタリアートの自覚が高いことを意味し、革命幹部になったことを言う。

10　「一打三反」とは、中共中央が一九七〇年一月三一日に出した「関于打撃反革命破壊活動的指示」と二月五日の「関于反対貪汚窃盗、投機倒把的指示」及び「関于反対鋪張浪費的指示」によって、反革命を打撃し（一打）、横領窃盗、投機売買や見栄張りの浪費に反対する（三反）運動。

11　「五一六」分子、第一篇注25（五九頁）を参照。

12　「特捜班」は、一九六五年五月一〇日に成立、八七年二月に撤廃。党員の過去の経歴を数人で調査し、証拠を挙げて断罪する組織。江青、康生、謝富治などの意向によって組織され、「裏切り者」「スパイ」「三反分子」などというレッテルも彼らによって判定された。

13　葉群（よう・ぐん）、（一九一七―七一）は林彪の妻。原名葉静宜。一九三五年延安で入党。抗日戦後半に林彪と結婚。文革中、中央軍事弁事組のメンバーとなる。六九年第九期一中全会で政治局員に選出。七一年九月一二日、夫、息子と共に河北省北戴河の山海空港からトライデント二五六号で逃亡し、一三日午前二時過ぎ、モンゴルで墜落死した。

14　林立果（りん・りっか）、（一九四五―七一）は林彪の息子。北京大学理学部に入学、文革で中退。一九六七年入党。六九年一〇月呉法憲より「空軍司令部弁公副主任兼作戦部副部長」に任命される。七〇年毛沢東暗殺計画（五七一工程紀要）を立案。

15　黄永勝（こう・えいしょう）、（一九一〇―八三）。本名黄叙全。上将。一九二七年

入党。長征に参加。広州軍区司令員（五五―六八）。五五年朝鮮戦争に参加。六八年中央委員。人民解放軍参謀長兼軍政大学校長。七一年九月二四日、総参謀長、中央政治委員などから解任。七三年八月党除籍。八一年最高人民法院特別法廷より懲役十八年、政治権利剥奪五年の決定。癌で青島で死去。

16 呉法憲（ご・ほうけん）、（一九一五―二〇〇四）。中将。江西省吉安市永豊県に生まれる。一九三二年入党。建国後、空軍の創建発展に従事。六五年空軍司令員となり、林立衡、林立果（林彪の娘と息子）を空軍で引き受ける。文革中は解放軍副参謀長、軍事委員会弁事組副組長、中央政治局委員。林彪の四大金剛の一人。七三年八月党除籍。八一年懲役十七年、政治権利剥奪五年に決定。

17 李作鵬（り・さくほう）、（一九一四―二〇〇九）。海軍中将。江西省吉安市で生まれる。一九六四年海軍副司令。六七年海軍文化大革命小組常務副組長。六九年中央委員会委員、政治局委員。林彪の四大金剛の一人。八一年懲役十七年に決定。

18 邱会作（きゅう・かいさく）、（一九一四―二〇〇五）。中将。江西省興国県生まれ。一九三二年入党。林彪が国防部長のとき（五九―七一）、人民解放軍総後勤部部長。七三年党除籍。八一年懲役十六年に決定。

第四篇　五年間の下放経験

郭震遠

一九六九年三月、私は数百名の役所の幹部について、河南省羅山の外経委員会「五七」幹部学校に下放し労働しました。あの苦難の歳月、自分の身で感じたことや、実際に見聞した奇妙なことがたくさんありました。私は政策決定をする階層の部外者であり、受け身の立場に置かれていたので、政策決定側の内幕は不明で、私が感じ取ったことは、非常に限られ、単なる表面上の現象であり、歴史の断片に過ぎません。

四十数年前、「広範な幹部は下放して労働せよ」、「貧農・下層中農の再教育を受けよ」、この二つが「文革」を構成していました。おそらく当時の政治情勢と関係があったのでしょう。一に内乱、二にソ連軍の国境接近があったのです。「資反路線」（編集者注：資産階級反動路線）を深いところまで清算しなければならず、また戦いと凶年に備え、戦争の準備をしなければならなかったからです。

私たちのいた河南省羅山県の「五七」幹部学校は、鄂豫皖[1]が境を接する丘陵地帯に位置し、山紫水明でしたが、気象は予測がたたず、南方の炎熱もあれば、北方の厳寒もあるという所でした。そこはもともとは労働改造農場だったところで、犯罪者たちが撤退してからまだあまり日が経っていませんでした。

当時施設はわずかしかなく、食も住もかなり困難で、その上状況がそれぞれ違っていたので、いろんな面で慣れず、不便を感じました。例えば池の水は人と家畜で共用していました。飲食、洗面に口漱ぎ、畑の水やり、暑さをしのぐための水浴びなどすべてこの池の水に頼っていたのです。集団の宿舎は、茅葺の薄い板張りでベッドが一列に並んでいます。人と人が詰め合って、並んで寝ているものですから、足を曲げることも寝返りを打つことも困難でした。夜にはいびき、寝言、叫び声があちこちで起こり、神経衰弱気味の者には苦しいことこの上なしでした。一日三回、すべて大鍋の料理でした……

同じように呼びかけに応じた下放労働であっても、政治待遇にはピンからキリまでありました。北京を出発する前から、軍事管制小組はすでにやり方を決めていて、幹部学校に着くとその通りに当てはめられました。指導者たちは上も下も好き勝手に命令を出し、大衆は従うしかありませんでした。ボスになった者は職権を乱用し、自分の意見に固執して無茶をやり、他人が意見を言うことを許さず、何かというと「階級闘争の新動向だ」と言って人をおどしました。

「文革」中、解放軍総後勤部学院から派遣された軍事管制小組は権力を一手に収めていて、両派の大衆問題に対処するのに、一方では「公平に行なう」ときれいごとを言いながら、一方で「方毅[2]を以て線を引く」ことをやり、従う者は栄え、逆らうものは滅びるとばかり、ある一派を助け、別の一派をやっつけ、分裂とでっち上げの誤審案件を作り出しました。「一貫して正確に」を標榜しておきながら、推し進めたのは「革命路線」でした。ある李という名前の軍事管制の委員は粗暴で女好きでした。得意になって我を忘れ、大風呂敷を広げるあまり、自分は邱会作[3]を守るのに手柄があったと自慢しました。外経委員会での挙動は、まさにあのころの「総後勤部の文革」のやり方でした。

私たちのような下放幹部の一団は、「五七」戦士と総称されましたが、実は数種類の状況に分かれていました。役所が「階級の隊伍を整理」した時点で、すでにいわゆる「叛、特、反」[4]の帽子をかぶせられていた者には「大衆独裁」が実行され、勝手な言動が許されず、専任の者が派遣されて監視に当たりました。大多数の幹部は「文革」の初期に「方毅を守る」ことをしなかったので、「間違った列に立って、過ちを犯した」人だと誹謗され、ブラックリストにのり、処分を待ちました。中には農村に行って住み着いた人もいました。残りの、職場を変えて鍛錬する幹部には、軍事管制組によって職責が命じられ、各自その仕事を担当することになりました。彼らは「階級闘争」をするのに忙しく、肉体労働に参加するどころではありませんでした。幹部学校は軍隊式編制になっていて、中隊を単位として労働したり生活したりしていました。中隊の下には生産班が設けられていました。

私は第三中隊の牛の使役班に割り当てられました。幹部学校についた翌日すぐに労働教育員のところで水牛、鋤などの農具を受け取り、この後五年間、水牛、泥土、農作物と付き合いました。広い天地で、雨風に打たれ、世のからくりを知り、大自然と闘い、意志を鍛錬したのです。

一

一年の計は春にありと言いますが、早春の寒さ、水の冷たさを最初に知るのは牛です。牛を使う人はまず「苗代」をつくります。一に地面をすき返し、二にまぐわで土をならし、三に土を砕いて平らにします。清明節に間に合うよう、土地をならして数枚の苗代を作らねばなりません。「地面が鏡のように平ら」であることが求められます。手で撒いた種もみが、苗代の中で涸れもせず、水に浸りもせず、若い苗が均等に成長するためです。当たり前のようにみえますが、口で言うのは簡単、やるのはとても難しいのです。

早春はまだ肌寒く、薄氷が張って水も冷たいので、耕作用の牛は畑に連れ出そうとしても行くのを嫌がり、人に逆らってぐるぐる回ります。仕方がないので、私は歯を食いしばって前進するしかありません。上半身には綿入れの上着を着て、腰には麻袋を巻き、縄で麻袋を何重にも巻き付け、風と寒さを防ぎます。下にはトランクスを穿き足はむき出しでした。足は大地を踏み、頭には青天を頂き、片手で鋤を支え、片手で鞭を振り上げ、行ったり来たりして仕事をします。いくらもしないうちに薄氷が牛の腹を浸し、同時に私の足の付け根までしみこんできて、足がすっかりしびれて、感覚がなくなります。全力で一通りの仕事を終えると、牛のしっぽをひっぱって岸に上げ、ぼうっとなって地面に倒れこみました。でもすぐに起き上がり、両手で何度も足を揉んで、やっとこれが自分の足だという感覚が戻ってくるのでした。氷のように冷たい水の中で足をけがしたり、腿や脛にひっかき傷を作ったりするのはいつものことでした。なぜなら感覚が無くなっていたからです。

比較的難しいのが苗代の地ならしをすることで、これは技術のいる仕事でした。田返しをし、土ほぐしの済んだ泥は、水面下ででこぼこしているので、牛を使って鉄の歯の付いたまぐわを引き、髪をとかすように通りを良くし、高いところを削って低くし、低いところを埋めてならし、沈殿させて初めて「地面が鏡のように平ら」になるのです。まぐわを引く時泥水は腰のあたりまであり、牛のしっぽは水面に触れて、絶えず揺れます。私は牛のしっぽのすぐ後ろにくっついて、両手でまぐわを支え、大声でどなって牛に合図を送りながら、感触を頼りに地面が平らになっているか推測し、同時に水面と岸が釣り合っているか目で測ります。あちこちに気を使うだけでなく、集中もしなければなりません。水牛が強情なことも、蛇やアリが出てくることも、草の根が足に絡みつくことも、もう気になりませんでした。

仕事が終わって岸に上がると、目と歯が元の色をしている以外、他は全身泥だらけ、まるで西安から出土した兵馬俑の様でした。仕事から解放されると、私は水牛と一緒に池に直行しました。牛は頭を水面に出して、気持ちよさそうに大きく深呼吸し、私は体についたねばねばの泥をしっかりと揉み洗いしました。石鹸など使わず、水だけできれいにする原始的な入浴は、結構気持ちの良いものでした。

問題は水から出て岸に上がってからです。冷たい風が骨身にこたえ、鳥肌が立ち、皮膚は紫色になり、体は震え、歯がガチガチ鳴り、いつも高熱が出て腹を下すのでした。かくして一年、二年、さらには三年、続けて五年もの間、このように仕事をしました。そのため私は椎間板ヘルニアになり、足がしびれ、歩くのが不自由になるなど後遺症が残ってしまいました。

苗代が終わると、続けてすべての水田を鋤で耕し、田植えの準備をしなければなりません。仕事に出るときは、いつもスコップを持って行きます。狭い場所や、大きな田んぼの死角など、牛が行けないような場所では、牛を休ませ、私がスコップを使って掘り返し、わずかな土地でも荒れたままにしておくことはありませんでした。

田植えと春の種まきが終わると、耕作用の牛は暇になり休みになりました。私たち牛の使役班は耕作班の同志と一緒に、耕地管理や夏の収穫、秋の繁忙期の仕事などに参加しました。鍬で草を取り、苗を間引き、苗の土を掘り起こして柔らかくし、実る前の作物に追肥をし、薬をまいて除虫し、必要があればどこにでも行きました。夏の収穫の時期は、「天に不測の風雲あり」となることが多く、「龍の口から糧穀を奪う」必要がありました。晴れた日には鎌を振るって収穫し、厳しい日差しのもとで脱穀しました。夜間には灯火を掲げ、穀物をスコップで空中に投げ上げ、殻やごみを取る作業をし、麻袋に詰め、肩に担いで運びました……

秋には米やトウモロコシを収穫しました。やはり同様に一刻を争う忙しさで、みんなは心を合わせ、力を合わせ、風雨を衝き、日差しをものともせず仕事をしました。

男の同志たちの背中は汗で光り、女性の同胞たちは手ぬぐいを縛り、増産と豊作のために、汗が雨のように流れることも、全身が泥で汚れることも、ものとせず働きました。

幹部学校は毎年たくさんの小麦と米を収穫しましたが、それは新しい品種で、実が詰まっていて、高品質でした。よく晴れたすがすがしい秋の一日、倉庫から庭の広場に穀物を運び出し、日に当てて乾かし、空中に投げ上げて殻などを飛ばしてきれいにし、検査をして合格したらまた麻袋に詰めます。「鉄は熱いうちに打て」で、私たちは自分たち自身の手で、トラックの積み下ろしをし、そのままトラックと一緒に羅山の町まで往復して、この上等の穀物を一袋ずつ自分たちの手で国庫に納めました。村の人たちや、当地の職員たちは、私たちのむき出しの黒い体と、きびきびした働きや、努力を惜しまない姿を見て、しきりにほめ、私たちも誇らしい気持ちになりました。

真冬の一二月、風に雪が混じるころになると、村の人たちは年越しの準備をします。私たちはまた池の泥を浚え、水田を補修し、石や砂を運び、道路を作りました。第三中隊から本部へ行く道は砂と石で固められた道で、羅漢公路[6]につながっていましたが、それは私たちが石や砂を運んで作ったものでした。また並び立つ中隊の赤レンガの建物は私たちが建てたものでした。学校の教室や運動場、本部の給水塔、水道の配管も私たちが作りました。自分たちで建てた新しい瓦屋根の家に住み、自分たちで生産した穀物や野菜や肉、卵、魚を食べ、毎月一人十三、五元の食事代が与えられて、好きなように使うことができ、愉快な気持ちで、笑顔がいっぱいになると、労働が光栄であり偉大であることをさらに実感したのです。

あるとき仲の良い友達がこっそりとこう言ったことがありました。「私たちが幹部学校で得たような成果を、役所に座ってばかりいるお役人がたは感じることができるのだろうか？　彼らの話す大風呂敷きは歌よりも聞こえがいいが、それならどうして下に下りて来て教育を受け、自分で体験しないんだ？！」と。

幹部学校では、嫌なことでも背く勇気はなく、必ず上の人の言う通りにしなければなりませんでした。例えば毎日仕事に行くたびに、必ず列を作って並び、みんなで声を出して語録[7]を読まなければなりませんでした。また体が疲れ果てていても、「革命大批判」に参加しなければなりません。自分とは関係がないと百も承知でも、「上も下も一緒になって、私心と闘い修正主義を批判」しなければなりません。明らかに主観的なでっち上げであっても、「階級闘争の新動向」に全力投球しなければなりませんでした。もともと根も葉もないでっち上げの冤罪なので、批判闘争に遭った幹部たちは承服できず、やる方も気が咎めますが、名誉回復の動きに対し無理にでも引き続き反撃しなければなりませんでした。権力を借りた懲罰だとよくよくわかっていても、もったいぶって「労働懲罰論」を批判しなければならなかったのです。本当の耕作労働は、五穀豊穣を作り出しているのに、不思議なことに「唯生産力論」を批判するのです……

このでたらめな時代、善悪はひっくり返り、ねじ曲がった心と間違った行ないのために、もともと善良な人たちはどうしてよいかわからず、守勢にまわり対処に疲れ果てました。長々と待ち、青春を使い果たしたあげく、失ったものは国家の財産で、その中には精神、物質そして社会の気風も含まれていました。

二

血生臭い風雨が起こり、また一つの陰謀活動が始まりました。

牛使いをしていた大学生の小朱（編集者注：朱柏洲であろう）が、軍事管制メンバーによって羅山の町に拘留され、三十日あまりも秘密尋問されるという事件が起こりました。彼は幹部学校にもどされ、引き続き牛を使う仕事をしました。畑のへりで小休憩していた時、彼はあたりに人がいないか確かめ、低い声で私に言いました。「先月俺は人間の苦しみを嘗め尽くした。小説『紅岩』[8]の中の白公館や渣滓洞の惨状はすべて経験してきた。生きて出てこられたのは大変な幸運だった」と。彼はあえて詳しくは話さず、私も詳しく尋ねることは差し障りがあると思ったので、それぞれまた牛を追って田を耕しに行きました。

その後のある日、軍事管制小組が突然幹部学校の全員集会を招集し、「五一六」反革命[9]をつかまえる緊急動員がかけられました。特に強調されたのは、次のようなことでした。「五一六」は、組織、綱領、陰謀、行動がある多人数の反動集団である。必ず打倒し、「一人たりとも漏れることがあってはならない」。これは林副主席[10]の指令である、と。あっという間にかつてないほどその場の空気が緊張しました。新しく作られた「すべてを疑え」という言葉に、みんなは危機感を覚えたのです。

第三中隊の中隊長は、軍事管制組の監督指導の下、一部の「積極分子」を丸め込んで、彼らがあらかじめ決めておいた対象者を追い詰め、手ひどい打撃を与えました。

老秦（編集者注：秦仁術であろう。後に中国税関で退職した）がその重点の一人で、ひとりで閉じ込められ、大勢の人に監督管理されました。すべて監視され、世間と隔絶されました。食事からトイレまですべて「随行」されました。夜には百ワットの電灯の下で、数人が代わる代わるひとりを攻撃する「車輪戦」が行なわれましたが、隣の部屋では殴る音がひそかに聞こえました。そのために各種の人が派遣され、交代で批判闘争がなされ、繰り返し彼を攻撃し抑圧したのです。しかし彼は罪を認めず、結論を出すことができなかったので、彼は長い間幹部学校に置かれ、監督労働をさせられました。

青年大学生の孫某（編集者注：孫広相であろう。後に外経貿部副部長になる）は、親族に会いに行き幹部学校にもどって来て、すぐ田んぼの水を見に行ったとき、「模範劇」[11]を声高らかに歌いました。すると思いもかけないことに、その夜彼は「学習班」に入れられたのです。誘導尋問にかけられ、飴とムチを使われ、罠に引っかかってしまいました。彼は大会で重々しい表情で「自白書」を読み上げました。私は舞台の下で、どう考えても納得できず、あっけにとられていました。

三人の子供の母親である瞿某は、「学習班」に入れられましたが、死んでも認めませんでした。そこで困難に付け入り、家で子供が病気だと彼女に伝え、「もし罪を認めればすぐに家に帰してやる」と言ったのです。彼女はふと口にしました。「私は先に子供に会いに行きたい……」するとなんと彼女は「五一六」だと自供したことにされてしまったのです。

知恵があり冷静な老李も、一夜のうちに「五一六」にされました。これをみてもこの種の「学習班」がどんなに陰険で悪辣かわかるというものです。誘惑して罠にかける、うそを言ってだます、拷問で自白させる、使わない手はありませんでした。理性を失い、成果を上げることばかり考え、事実を見ず、あとの結果も考えず、その場限りの痛みと快楽だけ、こうして長く続く劣悪な影響を作り出したのです。それにあの憎むべき裏表のある手法。公式に言うことと、実際にやることが全く別でした。「権力を持つものは一切を持つ」ということに溺れ、情、理、法そして他人の生死にもおかまいなしなのです。

大小の会議で、繰り返しこう言われました。「〝五一六〟だと白状しろ。間違いを認めさえしたら、それで問題はないんだから」と。実際のところは、「五一六」分子だと認めた人はすべて、無理やり台上に登らされ、公衆の面前で「自白書」を宣言します。そのあと文書によって結論が下され、捺印され、本人の身上書にこう記されるのです。「永遠に解放されるを得ず」。

私たちの第三中隊には、男女の幹部が四十人ばかりいましたが、数日のうちになんと十数名の同志が「五一六」分子にさせられてしまいました。軍事管制は、「〃五一六〃と疑われる分子がまだ大量にいる。彼らは〃自分から進んで出て来〃なければならない」と言いました。

幻の概念が、本当の行動計画を作り出すのです。その策略とはこうです。まずは点、それから面、点と面をつなぎ、別々に抑圧し、それぞれを撃破し、一人も漏らさない……

幹部学校全体で四十数名の同志がいわゆる「五一六」分子にさせられましたが、軍事管制組はまだ多くの「五一六」分子が「出て来て」いないと考えていました。これらの「五一六」分子にされた、あるいは「五一六」分子と疑われた人たちは、みな一様に「方毅を以て線を引」かれた犠牲者で、罪のない人たちでした。理論や路線を振りかざして批判され、容赦なく攻撃され、わけもなく疑われ、何年もの間苦しめられました。何人かの同志は迫害に遭って殺されました。私たちのように生きぬいてこれた者は幸運で、苦難を述べる機会さえ持つことができました。けれどもこのような残酷非道で、辛く血涙を絞るような罪深い歴史は二度と起こってほしくありません。

私は、方毅が捕らえられた歴史の調査に参加したことがあったので、当然排斥の対象になりました。きりもなくたたかれ、みんなに囲まれて攻撃され、批判され、投降を勧告されました。私は理不尽な非難を受け入れませんでしたし、指定されたいわゆる誤りも認めませんでしたので、逆上され、大字報が私の家の窓に貼られ、「自白しないなら、鉄拳をお見舞いすることになるだろう」と脅迫されました。不測の事態が起きないよう、私は家族に言いました。「私自身の潔白を信じなさい。間違ったことを信じてはならない。もし拉致されても、私は決して無茶はしない」と。

無理やり「五一六」という罪名を押しつけられた同志たちは、屈辱を受け、もちろん受け入れられず、名誉を回復したいと思ったのは当然でした。権力を握っている人たちは既得権益と、いわゆる「一貫して正確」といううわべの現象を守るために、引き続き「五一六」名誉回復の動きに対して反撃を発動し、先頭に立って指導し、大勢の人を動員し、闘争の矛先は常に、打撃を受け迫害された人々に向けられたのです。劉少奇[12]を「資産階級反動路線」だとして批判したことから始まり、「批林整風」を含む、失脚した上層幹部に対する批判運動は、みな「五一六」名誉回復の動きに反撃するものでした。のちにはまた林彪が「五一六」の黒幕であるといって、みんなに「上下に追求の手を広げ自分と闘う」よう求めました。私欲に目がくらみ、「風聞」によって人をつるし上げ、手段を選ばずいい人を故意に陥れました。屈辱を経験し傷ついた人々をも、泣くに泣けない、失意のどん底に引きずり込みました。彼らが体と心に負った引き裂かれた傷跡は、何年たっても依然として痛みました。これは今の若い人たちには想像もできないことでしょう（編集者注：いわゆる「五一六」反革命集団というのが全く根も葉もないことだったということは事実と歴史が証明していることである）。

三

老幹部の汪道涵[13]と譚偉[14]はたくさんの罪名を頭にかぶせられ、第三中隊の牛小屋で牛を飼っていました。二人は高齢で体も弱く、もう抗弁する力もなかったので、「死んだトラ」とみなされ、一つの部屋に住まわされ、勝手に話したり動いたりすることが禁じられていました。彼ら二人は八頭の水牛を飼育し、毎日朝早くから夜遅くまで、決まった時間に決まった量だけ牛に餌をやりました。餌をやり、水を飲ませ、牛小屋を掃除することに、休みの日はありません。

彼らが飼っている水牛は太って力が強く、毛の色につやがあり、仕事に出て働くと力がありました。偶然鼻綱が抜け落ちたりすると、老牛は言うことを聞かず、癇癪を起こすと好き勝手をしました。そのうちの二頭の子牛はいたずらでかわいく、まだ鼻綱がついていなかったので、好き勝手に走り回り、叫んでも言うことをききませんでした。

二人の老人が牛を飼育し、私が牛を使役していたので、私たちの間では毎日何度か牛の引き渡しがありました。けれども話をすることは禁じられていたので、目つきと手足を使ったジェスチャーで気持ちを表していました。彼ら二人は何年も外界と隔絶されていて、話をすることもほとんどなく、内心の孤独と寂しさは極みに達していました。我が家のいたずらっ子は世間知らずだったので、自由な遊び時間には牛小屋に入り込んで、何度も「おじいさん」と呼びました。二人の老人はあっけにとられ、返事をすることもできませんでした。その後彼らは仲良くなり、みんなが畑に仕事に出て、あたりに誰もいなくなると、二人は思い切ってかわるがわる子供をおんぶして出たり入ったりしました。彼らはただただ人と話をし、人としての楽しみを味わいたかったのです。

ある日、汪老人が外に出て牛を放していた時、いたずらな子牛が勝手に果樹園に侵入して、果樹の枝や幹にあたまをぶつけ、二つの小さなリンゴが地面に落ちました。ある人がそれを見つけ「階級の敵が生産を破壊した」と報告したのです。批判闘争会の席上、悔しい思いをした老人は目に涙をためたまま、弁解することもできませんでした。糾弾大会の情景は思い出すに堪えません。

残酷な闘争、容赦ない攻撃、それに加え労働懲罰、それでも依然としてたくさんの「目のかたき」がいて、打っても倒れず、押さえつけても服従せず、無言で抗争していました。けれども、彼らを待っていたのはやはり変わらぬ既定の方針――つまり異分子を排斥することでした。「革命需要」という言葉を借り、組織という手段を使って、手を替え品を替え、時期を分け組を分け、あるいは順々に外へ締め出し、外経部から排除したのです。いわゆる本人の要求を満足させるためという理由で、家庭の困難や夫婦の団欒に配慮するなどという聞こえのいい名目で、次から次へと百名余りの幹部を締め出しました。かつて一時的に局、処級の中堅幹部二十八名を陝西省に締め出したことがありました。すぐに人を派遣して四の五の言いに行かせました。彼らが出て行き、規制が緩んだら、重用されるのではないかとひどく心配したためです。

これと同じころ、確かに仕事の必要から、四方八方から相当数の幹部を転任させ、空いている部署や、新しく増やした仕事の部署を埋めました。自分と異なるものを排除したという事実は、雄弁にまさるものでした。

私にもよく似た経験がありました。名目は意見を求めるということでしたが、実際は外経部からの締め出しでした。ある時は山西省にもどされ、ある時は石景山[15]に遣られて教師をさせられました。ありのままに言うとこうです。「転勤してきたとき私の体は潔白だったのに、今はあなたたちに汚水を撒かれ汚れてしまいました。私には自分でサインした書面による結論がないので、出て行くこともできず、出て行く勇気もありません。でっち上げの罪状がついてきて、面倒がおこらないか心配なのです」。彼らは私が個人の損得にばかりこだわり、大局のことを考えていないと言うのですが……

四

幹部学校の外にも、私たちは羅山で多くのことを学びました。私は農家出身の北方人で、任務に就く前は、故郷で農閑期には勉強し、農繁期には家族とともに農作業に励んでいました。私は北方の多くの農作業、例えば鋤で耕す、種をまく、耕地を管理することなど、基本的にはすべての経験がありました。

羅山の幹部学校にいた五年間、私は南方人の耕作と生活の技術を学びました。私たちは仕事の行きかえりに、田畑のへりや池の岸辺で、ほとんど毎日、親切で素朴な村の人々に遭い、世間話をしたり、農作業の話をしたり、政治について話をしたりしました。政治の面ではそれぞれ違いましたが、気持ちは通じ合い、お互いの間には信頼があるだけで、疑いや偏見はなく、誠実に率直に交流し合って非常に気持ちがよかったです。農村の人達は政策がころころと変わることを心配していて、自分で生産した少しばかりの綿花と卵は、町の市場では売りたがりませんでした。税金や罰金を取られたり、没収されたりするのを恐れたのです。そこで朝や晩にこっそりと交換し、互いに融通し合いました。私は訪問販売の綿花を買ったことがあり、掛布団と敷布団そして綿入れの上着と綿入れのズボンを新しく作りました。私は、羅山の幹部学校では食事は好きなだけ食べられるし、布団は新しくできるし、貧農・下層中農の生活よりずっといいと家族に話しました。

近くに住む年寄りの模範農民は、手を取って私たちに苗代の整え方、種まき、田植え、脱穀した穀類をスコップで空中に撒いて殻を取るやり方、藁塚の積み方などを教えてくれました。彼は話が上手で、ユーモアがあり、受け答えも質問も言葉が簡潔で要領を得ていて、その場で農作業の批判や批評をしましたが、私たちは心から納得しました。頼んで来てもらった先生は、経験を伝え広め、互いに尊敬し信じ合い、うちとけて一体になりました。

大体[16]の日は、原則として休みで、幹部学校では食事は二回でした。私たちは午後になると、近所の貧困者を訪ね、その苦しみを聞きました。農村の人々の話は率直で、政府のいい所を話しただけでなく、一九六〇年に家族が餓死した苦しみ[17]も訴えました。彼らの貧しい暮らし向きや、火のように熱い情誼をこの目で見て、私たちはしゃくり泣きが止まらず、複雑で何とも言えない気持ちでした。

ある農家は、農閑期になると、大八車を引いて、その上に女房と子供を座らせ、小さな鍋を持って遊蕩（編集者注：乞食）に出かけました。長雨が続くと、どのようにして火を起こし飯を炊くのか？　夜の湿っぽい寒さをどう過ごすのか？　私は彼らの生存と生活の能力に大変感服しました。彼らはいつも変わらず次々に生まれ、後の代へと増えていくのです。

きびきびと働くのに便利なように、私たち男の同志は春夏秋の季節は半ズボンしか穿きませんでした。風に吹かれ日に焼けて、膚は真っ黒になり、手足にはまめやたこができて分厚くなり、目立って体が強くなり、動く「黒鉄塔」に勝るほどでした。村の人たちはそれを見て、しきりにほめ、いつも私たちにくれぐれも日差しを避け、風を避け、体を大事にするようにと言い聞かせるのでした。

羅山は古くからの大別山革命解放区[18]で、私たちは安徽省の金寨県の革命記念館を参観に行ったことがありました。室内の壁には烈士の姿が並んでいました。ある烈士は写真が、写真のない烈士は絵が、またある烈士は名前だけが貼られていました。さらには何もない広い壁面があって、そこは無名烈士のための場所になっていました。このように多くの熱血溢れる青年たちが、若くして死んだのは、決して敵と戦ったからではありませんでした。多くの青年は張国燾[19]の間違った路線の下での犠牲者なのでした。

「五七」幹部学校では肉体労働と、批判闘争に対処する以外は、何のつき合いもありませんでした。私は利用できる時間をすべて使って、毛沢東選集を読みましたしレーニン、スターリンも読みました。マルクスの『資本論』も読み終えました。

五

林彪が死に、軍事管制組が撤退し、老「五七」戦士は解放されました。次から次へと老幹部たちは体に病苦を抱え、北京にもどって治療するため休暇を取りました。幹部学校は、自分たちで作った学校を解消したので、保護者が子供を連れて北京にもどり入学させることを許可しました。

多くの老「五七」戦士は次々に幹部学校を離れました。みんなは喜びもし、また別れを惜しみました。新しく来た交代の幹部は、言わば店番のような役目で、羅山撤退の準備の仕事をしました。かつてはにぎやかだった第三中隊も、人はまばらで、部屋も空き、ひっそり静まり返って荒れて物寂しいほどになりました。

ただ私たち一家老若三代の七人だけは幹部学校に残っていました。私自身はすでに順応していて、どうということはありませんでした。問題はちょうど就学中の二人の子供でした。行く学校がないのです。子供は何の邪心もないのに、私の巻き添えを食ったために、幹部学校で待っているしかなかったのです。晴れた日には大地を走り回って日に当たり、夜は家の戸口に座って星を数える日々でした。彼らは大人に混じって子供時代を過ごしていました。心優しい友人が北京から子供に合った教科書を送ってくれたので、兄弟二人で自習して互いに学び合っていました。難しい問題にぶつかると書き留めておいて、仕事が終わるのを待って、おじさんやおばさんたちに教えてもらいに行きました。同志たちはみな子供たちを大切に思い、熱心に教えてくれました。お世話になった子供たちは、今でもそのことを忘れることはありません。

天には人を窮地に追いやる道などないし、道にはまたいい人が多いものです。事態が好転しそうな見通しのもと、多くの同志は各人が最善を尽くし、全力を尽くして助け合いました。紆余曲折を経て、ついに私に北京にもどって子供を学校で勉強させる手はずを整えてもよいという許可がおりました。

一九七三年一一月、私は農具を置き、本を閉じて、老幼相携え、羅山に別れを告げて、北京にもどりました。

二〇一四年五月北京にて

〔著者の文集『心に刻む』中の一文「羅山幹部学校の経験」より引用する〕

郭震遠（かく・しんえん）：一九三五年農歴正月二〇日山西省崞県に生まれる。一九四九年三月中国新民主主義青年団に加入し、一九五二年中国共産党に加入する。一九五八年九月中国人民大学新聞学科に入って研修する。一九六一年中国共産党岢嵐県委員会事務所主任兼宣伝部副部長を務める。一九六五年五月対外経済連絡委員会に異動し、政治部事務所幹事を務める。一九六九年三月から一九七八年二月まで、外経委員会河南省羅山「五七」幹部学校、及び外経部北京昌平小湯山「五七」幹部学校で労働する。一九九二年在コートジボワール中国大使館経済商務参事官を務める。一九九五年一二月退職。文革の期間、党組織は外経委員会の主要な指導者の入党問題を調査していたため、ずっと仕事が割り当てられず、どんな誤りがあったのかさえ判定されなかった。一九七三年一一月羅山から北京にもどった後も、依然として仕事は割り当てられず、再び強制的に昌平小湯山「五七」幹部学校で労働を継続させられる。この期間彼は十数名の同志と連名で党中央に手紙を書き、「党幹部政策を実行する」よう希望する。一九七七年一二月から一九七八年二月まで、また三か月間「批判と援助」を受ける。

1 「鄂豫皖」とは、湖北省と河南省それに安徽省のこと。
2 方毅（ほう・き）、第一篇注19（五八頁）参照。
3 邱会作（きゅう・かいさく）、第三篇注18（一〇八頁）参照。
4 「叛、特、反」は、叛徒＝売国奴（＝裏切り者）、特殊工作員（＝スパイ）、反革命。
5 「龍の口から糧穀を奪う」とは、雨が多いので、急いで収穫すること。龍口は大雨をたとえる。
6 「羅漢公路」の漢とは武漢のこと。河南省の羅山と湖北省の武漢とを結ぶ自動車道路。
7 「語録」とは、『毛主席語録』のこと。
8 『紅岩』は、一九六一年の羅広斌・楊益言の長編小説。中国解放の直前、重慶の特務機関の中米合作所に捕らえられ、国民党政府からの虐殺から生き残った者たち（許雲峰や江雪琴など）の話。一九六三年に三好一の翻訳がある。また映画化され「烈火中永生」という名で上映された。なお、白公館は第一看守所、渣滓洞は第二看守所である。
9 「五一六」反革命については、第一篇注25（五九頁）参照。
10 「林副主席」とは、林彪のこと。五八頁注17を参照。
11 「模範劇」については、第三篇注5（一〇六頁）を参照。そのうちどれを歌ったのか不明である。
12 劉少奇（りゅう・しょうき）、（一八九八―一九六九）。一九五九年毛沢東に代わって国家主席になる。湖南省寧郷県の生まれ。六八年第八期拡大一二中全会で、党から除名される。八〇年名誉回復。

13 汪道涵（おう・どうかん）、第八篇注1（二七六頁）参照。

14 譚偉（たん・い）、第五篇（一三二頁以下）を参照。

15 「石景山」は、北京の西郊にある五七幹部学校のこと。

16 「大休」とは、十日間休まず働いた後の休日。

17 「一九六〇年……」、いわゆる大躍進後の三年の自然災害（一九五九―六一）による被害のこと。餓死者が何百万も出たという。今では自然災害ではなく、人災であったとされる。

18 「大別山革命解放区」は、第二篇注8（九三頁）参照。

19 張国燾（ちょう・こくとう）、（一八九八―一九七九）。字は特立。江西省吉水の生まれ。中国共産党の創立者の一人。共産党中央委員・中華ソビエト共和国臨時政府の副主席。長征で毛沢東と対立し、一九三八年党籍剥奪。香港に亡命してのちカナダのトロントで逝去。

第五篇　「牛小屋」から牛小屋へ

譚偉

あなたが来られると聞いて、昨日私はまた第一一期第六回中央委員会全体会議の『若干の歴史問題についての決議』という文書を捜し出してきて、読み直したのですよ。その中で、「文化大革命」とは、間違った時期に、間違った方法で始まった、間違った運動であったと述べられていました。これは正しい結論だと思います。共産党員として、個人が少しばかり損失をこうむったこと、少しばかり時間を無駄にしたことは、小さなことです。最大の損失は、国家だったのです。一九七二年私が「五七」幹部学校から北京の職員住宅にもどってみると、どこもかしこも夜になると真っ暗で、明かりのついているのは数戸もありませんでした。多くの幹部が出て行ってしまったのです。

私は外経委員会のいわゆる「牛小屋」から幹部学校の本当の牛小屋へ行きました。二つの牛小屋には、どちらも自由はありませんでした。最初は外経委員会の建物（編集者注：阜外大街二二号の元外経委員会二号事務棟で、いわゆる政治的に問題のある「牛鬼蛇神」のために学習班が作られ、隔離審査が行われた場所）に閉じ込められました。私たちのような「反動組織」、「走資派」には一人一人に小さな木の札が配られ、そこには自分の名前が書かれていて、便所に行くときは、その札を便所の入り口に掛け、ほかの人が入れないようにしなければなりませんでした。造反派は私たちが便所の中で関係を取ることを恐れたのです。朝早く起きても、便所の入り口にはいつも札が掛かっていて、何人もが外で待ち、中に入れませんでした。私たちは造反派に苦痛を訴え、もう我慢ができないと言いましたが、誰も取り合ってはくれませんでした。私たちはこのように、大小便さえ自由にできなかったのです。私は便所の窓から外の街を歩いている人を見て、彼らの自由が本当に羨ましくなり、いつになったら家に帰れるのだろうかと心の中で思う時がありました。

汪道涵[1]はその頃対外経済連絡委員会の副主任をしていて、彼もまたひと間の部屋に閉じ込められていました。彼は国民党の監獄にいたことがありました。彼は私に、このやり口は国民党よりひどいと言いました。私たちふたりは新四軍[2]の時から一緒でした。「文革」の前、私は外経委員会第一局の局長でした。第一局は社会主義国家の援助を受け持っていました。第二局はアジアを、第三局はアジア・アフリカ・ラテンアメリカを担当していました。当時ベトナム、朝鮮、アルバニア、ルーマニア、キューバはみな私たちの援助を受けていました。ベトナムへの援助が最も早かったです。ベトナムは経済的に独立しておらず、政治的にも真に独立しているとはいい難い状況でした。女性同志が使うヘアピンや小学生が使う鉛筆さえ輸入しなければなりませんでした。私たちは彼らを援助して数多くの基礎工業を建造しました。たとえば紡績工場、陶磁器工場、鉛筆工場、製紙工場、化学肥料工場などで、その最大のものは製鉄工場でした。アルバニアには鋼鉄の精錬、軍需工場などの援助を提供しました。私た

に協議の方双、を金付貸る

ち外経委員会の具体的な仕事とは、国家が相手方に提供する貸付金を、双方の協議に基づいて、各工業部門に委託して技術や設備を提供し、施工の手はずをととのえたり、幹部の研修を管理したりすることでした。プロジェクトが完成すると、私たちは決算をし、そのあと援助金額から差し引きました。このために私たちのところにはかなりたくさんの専門員がいました。援助プロジェクトの最大は朝鮮でした。最多はベトナムでした。

「文化大革命」のとき、造反派はこれらのことを問題にしました。援助を少し厳しく制限すれば、お前は「大国の排外主義」で、社会主義の兄弟国家に対して国際主義感情が欠けていると言いました。また、例えばモンゴルのように、援助した国がこちらに対して政治態度を変えれば、お前は「売国主義」だと言いました。どんなことでもしようと思えば曲解できます。黒いものを白いものだと言いくるめられ、白黒逆転するのです。

軍宣隊[3]が進駐してきて「左派を支持」(編集者注：一九六八年六月一三日、中共中央と国務院は外経委員会を軍事管制の下に置く決定をした。軍事委員会総後方勤務部から幹部を引き抜き軍事管制小組を組織した。略称を軍管小組という)して以降、路線もまた極左的になり、造反派よりもっと造反派になりました。いわゆる牛小屋(編集者注：阜外大街外経委員会二号棟にあった「学習班」のことである)に半年余りいた後、私を羅山の「五七」幹部学校に下放させるという決定が下されました。私は家に戻りわずかばかりの衣類をもち、簡単に荷物を準備すると、直接「牛小屋」から幹部学校に行きました。「五七」戦士たちは銅鑼を叩き太鼓を鳴らして下放していったのですが、私は単独で護送されました。なぜなら私は「独裁の対象」だったからです。私を護送するのはかつての部下でした。彼はまあまあいいほうで、列車を下りさえしなければ、食べたいものや買いたいものは自由に買ってもいいと言いました。一昼夜乗り続けて河南省の信陽に着きました。私が先で、汪道涵は私の出発より少し後でした。その後、私たちふたりはまた牛小屋で一緒に牛飼いをすることになりました。

　私たちの幹部学校には五〇〇人余りがいて、いくつかの中隊に分かれ、運転手は本部の管轄でした。羅山はもともと公安管轄の労働改造農場で、数百ムーの土地があり、地形によって自然にひとつの区域を形成していました。以前は各所に見張りがいたかもしれません。この時にはもう労働改造所の犯罪者たちはみな移動させられていました。私たちは林彪の「一号命令」[4]の直前一九六九年八月に下放しました。私たちの幹部学校はもともとあった基礎を利用し、またいくつか建物を建て、給水塔を直して、飲料水の問題を解決しました。そこは一面の丘陵地帯で、私たちのいるところは貯水地のすぐ近くで、灌漑条件の比較的良い所でした。幹部学校はたくさんの資金を投入して、トラクターや、刈り取り機などを買い入れました。私は大きな畑で働いたこともありましたし、豚飼いや羊飼いもやりました。後に、年齢が上であることを考え、配慮したということで、牛飼いをさせられました。私と汪道涵のふたりは全部で二十頭以上の牛を飼いました。これは決して軽い仕事などではなく、大変な仕事でした。

牛小屋の長さは五〇メートルほどあり（編集者注：それほど長くはなかったはずである）、屋根は草ぶきで、三面が日干し煉瓦でできていました（編集者注：当然四面である）。それぞれの牛をどこにつなぐかは、よく考えなければならない問題でした。なぜなら雄牛は喧嘩好きで、喧嘩好きの雄牛が出くわすと、すぐに喧嘩を始めるからなのです。ですから雄牛は一定の距離を離しておく必要がありました。喧嘩好きの牛を近づけてはなりません。牛を引っ張って小屋から出入りするにも、どの入り口から出入りすると摩擦が起こらないか、先によく考えなければなりませんでした。あれこれ模索して、やっと牛小屋に秩序が保てるようになりました。そのころ、私は五十七歳、汪道涵は五十八歳で、二人合わせると百十五歳にもなりましたよ（笑）。五十歳を越えたふたりが牛たちと一緒に「牛を縛る力」の訓練をしていた訳です。「牛飲」という言葉がありますが、牛が水を飲むとはどういうことか、この時初めて知りました。一担ぎの水では一頭の牛が飲むのに足りないのです。牛小屋の前にはいくつも小さな甕があり、半分地面に埋めて固定してありました。水甕は直径が二尺ばかりあって、一つの水甕には十荷以上の水を入れなければなりませんでした。初めのころは各人が毎日数十荷の水を天秤棒で担いで来なければなりませんでした。後に私たちはちょっとした発明をしました。まず貯水池のそばに台を組み立て、てこの原理を利用して水を上に持ち上げ、初めは甕の中にあけるようにしていました。後に樋を修理し、自然の傾斜を利用して牛小屋の前の大甕に流れこむようにしたのです。この方法は本当に役立ち、負担の大きかった水運びの仕事を大いに楽にしました。牛小屋をきれいにするのも大変な仕事でした。牛の糞は麦わら帽子ほどの大きさがありましたし、小便だって少なくありません。牛の糞は一尺余りの厚さになり、小屋の中の空気が汚れるのはもちろん、牛も皮膚病にかかりやすくなります。私と汪道涵は牛にも衛生に注意させることにしました。つまり牛小屋の前に穴を掘り、牛を小屋に入れる前に、穴の周りに立ち止まって糞をするよう訓練をしたのです。また、餌をやる前にも牛たちを穴の周りにひっぱっていきました。このようにして、牛はだんだん慣れてきて、基本的には小屋で糞をしなくなりました。私たちだって苦労したのです。雨の日、牛を引っ張って糞をさせに行くには、雨合羽を着て、雨の中で濡れなければならなかったからです。足元はドロドロなので、一歩一歩滑りながら牛を引っ張っていかなければなりませんでした。二足の長靴を履きつぶしてしまいました。さらに牛は小便もします。小便をしたらすぐに乾いた土をかぶせ、こうして牛小屋はきれいになりました。

牛の力はとても強いので、鼻綱は丈夫でないと、牛をしっかり引っ張ることはできません。引っ張った途端に切れてしまったら、牛はすぐさま駆け出し、喧嘩を始めます。私たちは自分で麻縄を撚りました。最初三本撚りにしましたが駄目でした。また六本撚りにし、最後は九本撚りにして、やっと牛の鼻縄にふさわしい丈夫さになりました。汪道涵と私は麻縄を撚ることに熟練し、たくさんの麻縄を撚ってそこに置いておきました。当時は、決して単純な労働だけではありませんでした。「五七」戦士たちは、畑仕事の休憩中でも、私たちのために「あぜ道批判会」なるものを開きました。みんなが発言して、私たちを批判する言葉を述べました。その情景は新聞で伝えられているのとまったく同じでした。毛沢東が、下放して再教育を受けよと言ったので、私は心に何のやましい思いもなく下放したのです。幹部学校でのこの数年、私たちは独裁の対象だったので、彼らは私たちに対し敵であるかのように独裁を始め、公民権を奪いました。実際の所は私たちを最大限に孤立させ、生活においても、精神面においても孤立させることで、痛めつけたのです。それはある「左」の一派の路線でした。私たちは、大衆と対立することはできないと思っていました。なぜならいったん対立すると、ことはより複雑になるだろうと思われたのです。軍宣隊がずっと黒幕で、彼らは決して直接表に出てくることはありませんでした。悪い知恵はみんな彼らから出ていました。彼らはしょっちゅう北京に帰り、総指揮部から指示を受けていました。私たちは、歴史が正しい結論を出してくれるだろうと信じるよりほかありませんでした。

（編集者注：当時譚偉は河南省羅山外経委員会「五七」幹部学校第三中隊の牛飼い班に「追いやられ」ていた。譚や汪以外、牛飼い班には局級の幹部周漢石、処級の幹部葉元格、若い幹部鄭洪友などがいた）。

私と汪道涵は毎日思想報告を書かねばならず、それは「上掛下連」と呼ばれていました。けれどそれは毛主席語録を一節書き写し、自分自身を罵倒するだけで、すべて空論でした。私たちもズルをして書きました。日曜日になって休みになると（編集者注：当時は十日ごとに一日の休みがあり、それを「大休」と呼んでいた）、私たちはそれぞれ十数部を書き上げていて、そこに置いておきます。人がやって来て見せろというと一枚抜き出してその人に渡します。でも実のところ彼らは読みもせず、完全に形式主義的なものでした。それで彼らは私たちのことを「古だぬき」とか「年寄り運動員」とか言って罵ったのです。

その頃私たちはまだ問題が深刻ではありませんでした。個室に関して言えば、一人で部屋にいるときは、毛主席の像を掛け、毛主席に向かって、総括報告をし、『大海の航海は舵手を頼りにする』[5]を歌わねばなりませんでした。無理やりそうさせられたのです。これらはすべて政治生活を宗教化するものでした。私たちが病気になって病院に行くと、病院の医者は「独裁の対象」だとか、「反革命」だとか聞くと、病気であっても、欠勤届を書いてはくれませんでした。あの頃何人かの医者は「私が行なっていることは革命的人道主義なのだ！」と言いさえしたのです。

「文革」の時、私たち外経委員会の副主任が二人も亡くなりました。一人は自殺でした。一人は心臓病で、間に合うように診てもらえず、階段を下りていて転び、病院に運ばれましたが、すでに手遅れでした（編集者注：外経委員会副主任李応吉と楊琳のことを指す）。私の気持ちも重苦しくなりました。

私が一九三八年に湖南省の湘潭で地下党の県委員会書記をしていたことを調べて、前任は誰だとか、どのように引き継ぎをしたのかなどと質問されました。前任者は直接私と引き継ぎをしなかったので、覚えていませんでした。すると私は「偽の県委員会書記」だと言われました。私は、省委員会書記がまだいるだろう、そこへ行って調査したらいいと言いました。すると私の生まれた土地にまで行ったのです。こんなことはまるでアラビアンナイトの世界を地で行くようなもので、泣くに泣けず笑えず、どうしたらいいのかさっぱりわかりませんでした。

汪道涵はというと、彼は地下党の時代に捕まったことがありました。このことはとっくに延安ではっきりしたことなのに、またまた彼に絡んできたのです。彼に絡んできた当時は、彼の家は大変不幸な目に遭っていました。母親が亡くなり、妻も亡くなり、娘までが事故で転落死したのです。このような状況の中、彼は幹部学校に下放したので、その心情はとても苦しいものでした。彼が受けた打撃はあまりにも大きいものでした。

一九七〇年のあの春節、大晦日の夜に、私たちは牛小屋で、小さな石炭ストーブに火を点け、少しばかりの肉を煮、酒を一瓶買って、自分たちで年越しをしました。河南の冬は雨が多く、曇って寒いのです。大晦日の夜もまた曇って寒い日でした。牛小屋にはぽつんと一個電灯が灯り、私たちふたりの孤独な身を照らしていました。牛は腹いっぱい餌を食べて休み、あたりはとても静かでした。私と彼はどちらも話をせず、黙って酒を飲みました。次第に、彼の顔は赤くなり、舌も少しばかりうまく回らなくなっていましたが、酒で憂さを晴らすために、さらにたくさん飲みました。一目見ただけで、彼がすっかり酔っているのがわかったので、私は「もう飲みなさんな！」と言いましたが、彼はそれでもまだ飲もうとしました。私は彼のコップを取り上げ、「それ以上飲んじゃあだめです！」と言いました。彼はじっと私を見つめました。彼のまなざしには一種言い表しがたい苦痛がこもっていました。あの時の情景は今でもありありと目に浮かびます。

その後「五一六」[6]の追及が始まると、私たちは少し楽になりました。私は彼らの状況についてあまりよくわかりませんでしたが、具体的につかまえられた人たちを見ると、彼らが言う、いわゆる反動分子のようには見えませんでした。私も汪道涵とこっそりこう話したのでした。「五一六」を打倒するというけれど、それはまったく一派が別の一派を打倒することにほかならない。追い詰め、自白させ、信用させる、やり方の粗暴さは、私たちに対するよりもっとひどい、と。幹部学校は当時の間違った路線の指導の下で、たくさんの人を陥れ、役所もまた機能不全になりました。あのたくさんあった仕事はする人がなくなってしまいました。私たちが植えた麦や稲は、つぎ込んだものが多い割に収入が少なすぎました。化学肥料もたくさん使いました。「金」の含有量が多すぎ、大いなる浪費となったのです。「四人組」が私たちを幹部学校に下放し農村に定住させようとしたのは、つまりは私たちこの一団の人間を下に追放し、閉じ込め、学んだことを生かせないようにするためでした。農民たちはみな私たちのことをこう言って笑いました。「牛飼いをするのに毛皮の裏地の付いた上着を着て、畑で働くのに腕時計をしている」と。それは私たちが力仕事をする人のようではないという意味なのです。

「九一三」林彪事件[7]の後、私たちは独裁の対象だったので、私たちにはそのことが伝えられませんでした。けれど私たちは「東方紅」ブランドのラジオを持っていたので、外電が林彪のことを報道したのを聞いていました。私たちは敢えて何も言わず、ただ造反派が今日も明日もと毎日のように会議を開き、また壁の「林副主席が健康でありますように」という文字を石灰水を使ってこすり取るのを見ていました。私たちが書く報告書には、いつでも決まったあいさつ言葉があり、前の方にはいつでも「毛主席が長寿無窮でありますように！ 林副主席が永遠に健康でありますように！」という一行を書かねばなりませんでした。私たちはその通り書きました。すると造反派は焦り「まだ永遠の健康を、などと書くのか！」と言いました。私たちが「ずっとそう書くのではないのか？」とたずねると、「今はもう書いてはいけなくなった！」と答えました。私たちがまた「書いてはいけないだって？」と言うと、彼らはこう言いました。「林彪が死んだから、書かないことになったんだ」。それで私たちは初めて確証を得たのです。

一九七二年、農業部副部長の陳正人が亡くなりました。彼が亡くなって一か月もたたないうちに、内務部長の曽山が突然心臓病で亡くなりました。相次いで二人の部長が亡くなり、中央は非常に驚きました。周総理はすぐに指示を出して、幹部学校に下放している副部長以上の者は、みな北京にもどって身体検査をし、治療するようにと伝えました。病気のある同志は次々に許可が下り、北京にもどって治療を受けました。私の家からも報告の電報が来ました。そして私は一九七二年五月頃北京にもどったのです。列車は混み合っていて、乗り込んだものの座席はなく、私は車両の中で立っているよりほかありませんでした。列車には山西省から河南省に来て、鉱山で働いている労働者が何人か乗っていて、里帰りをするところでした。彼らはとても質朴で、私のような年配者が立っているのを見て、彼らが寝台に寝に行くとき一人の労働者が私に座るよう席を譲ってくれました。

汪道涵は一九七二年の後半にもどって来て、私たちはまた顔を合わせました。艱難を共にした友人と出会い、とても懐かしく思いました。けれど、彼は後にまた幹部学校にもどされてしまい、一九七六年になってやっと出て来て仕事ができるようになりました（編集者注：一九七四年に降職、給料を切り下げられ、第一機械部所属の情報所に転属となり、一九七八年に復職して、対外経済連絡部副部長になっているはずである）。彼はかつて上海市長を勤めたことがありました。そして今彼は海峡両岸関係協会会長です。幹部学校での歳月は、私たちにとって言えば、その教訓はとても深いものでしたが、もう思い出したくはありません。

〔二〇一六年二月二日に編集者によって整理、注の挿入を行なった〕

【羅山「五七」幹部学校の校部の写真】（一九九一年李小波写す）

壁に書かれているのは、毛主席の「五七」指示である。

「広範な幹部たちが下放労働するのは、幹部にとって新たに学習し直すための素晴らしい機会である。老人、弱者、病人、障害者以外はすべてこのようにすべきであり、現職幹部もグループに分かれて下放労働に従事すべきである」

譚偉（たん・い）：一九一六年生まれ、大学卒業水準の学歴、一九三六年革命に参加。かつて中国共産党湘潭県委員会書記及び県長を務めた。一九四九年の後、重工業部、

第一機械部の副司長、司長。一九六四年から外経委員会局長、事務局主任、駐ソ連大使館商務参事官など。「文革」後は貿易部事務局主任、老幹部局顧問、国際経済協力学会副会長など。副部長級待遇を以て退職。一九六九年八月から一九七二年五月まで羅山外経委員会「五七」幹部学校第三中隊の牛飼班で牛飼いをする。

　本文は光明日報出版社一九九八年第一版の賀黎、楊健による取材編集『口述実録・無罪流放』（原文は「牛小屋生活の思い出」）より抜粋する。羅山政治協商会議歴史事務局より提供された電子版による。

1　汪道涵（おう・どうかん）については、第八篇注1（一七六頁）を参照。

2　「新四軍」、正式名称は国民革命軍第四軍。一九三六年の西安事変後、第二次国共合作が成立する。三七年に華北で八路軍が編成され、華南地区に展開していた紅軍および遊撃隊は新四軍に編入された。

3　「軍宣隊」とは、中国人民解放軍毛沢東思想宣伝隊のこと。

4　「林彪の一号命令」については、第一篇四一頁を参照。

5　「大海航行靠舵手、万物生長靠太陽、雨露滋潤禾苗壮、干革命靠得是毛沢東思想、魚児離不開水呀、瓜児離不開秧、革命群衆離不開共産党、毛沢東思想是不落的太陽」という李郁の歌詞で王双印作曲、李双紅が歌った一九六四年春ごろに作られた民謡風の歌。歌詞にあるように毛沢東を賛美する歌。

6　「五一六」については、第一篇注25（五九頁）を参照。

7　林彪事件については、第三篇一〇四頁を参照。

第六篇　「五七」工場の記憶

劉冬葵　劉淑芬

河南省外経委員会「五七」幹部学校は農業生産のほかに、二つの工場を計画し建設しました。一つはトランジスター工場で、一つは金属を引き伸ばして釘を作る工場でした。一九七〇年秋、私たちはこの釘工場に転勤になりました。「五七」戦士として、ここで二年余り労働鍛錬をし、一生消えることのない記憶が残りました。

下放者の名簿が下りて来て、自分の名前を見つけたとき、私はとても光栄に思い、すぐに準備を始めました。廃棄された木箱を二つ本部から買い求め、担いで家に持って帰って自分で補強し、主な荷造り用具にしました。そしてそこに寝具や衣類、鍋、茶わん、しゃもじ、洗面器から生活用品まですべてを詰め込み、託送に都合の良いようにしました。当時二歳の下の娘は病気が治って退院したばかりで、まだ体が弱っており、上の娘は幼稚園で全預かりをしてもらっていました。呼びかけに応えるために幹部たちは下放労働するのです。貧農・下層中農による再教育を受けようという偉大な呼びかけですから、どんな困難でも自分で克服しなければなりませんでした。たった二、三日あわただしく準備をしただけで、私たち二人は娘二人とすべての家財を持って、情熱を胸一杯にたぎらせ、南に行く汽車に詰め込まれ、河南省羅山の外経委員会「五七」幹部学校に馳せ参じたのです。私たち二人は大学で応用科学技術を学んでいたので、「五七」工場に配置されたのです。

「五七」工場は羅山の町の近郊にあり、すぐ近くに自動車道路が走っていて、交通が便利でした。元の羅山県農業機械整備工場の工場跡を利用していて、二棟の主要工場と十数部屋の平屋の宿舎がありました。粗末なものでしたが、生産と生活の基本的な需要はまずまず満足させることができました。陳耀明、王西陶工場長を中心にして、工場建設は順調に進み、機械設備も続々と到着して設置され、金属引き伸ばしの原材料となるワイヤーロッドもすでに工場の中庭にたくさん積んでありました。

当時、十数名の下放幹部はまだ年も若く、体も丈夫でした。そして彼らの多くはもともと地方で工場長あるいは現場主任をしたことがあり、専門技術と管理技能をマスターしていました。さらに理工科大学の卒業生もいて、彼らは金属を引き伸ばして釘を作る専門知識を持っていたので、仕事はお手の物で、大いに見込みがありました。加えて一部の幹部の子弟や当地で採用した知識青年も若干いて、彼らが当時の工場の主力軍でした。工場の設立当初は、条件が非常に悪かったので、みんなは心を一つにして、悪戦苦闘、刻苦学習、技術研鑽に努め、進んで鍛錬を受け、それぞれ勤労意欲も十分で、自分の才能を発揮し、数々の困難を克服したのでした。

支出を節約するために、自分たちで金属引き伸ばしの設備を加工して組み立てることにしました。季道軒同志は私たち若い者を数人連れて、武漢の中古品市場と廃品倉庫に行き、見合う部品を捜し出し、自分で担いで持って帰ってきて加工して組み立てました。呂洪福同志は自分で電気回路と配線板を設計しました。毎晩試運転を繰り返し、寝食を忘れて改良に改良を重ね、少しも手を抜かず、ついに一台六メートルもある四筒の金属引き伸ばし機の試運転に成功しました。この機械は主要な設備として、この工場の生産に非常に重要な働きをしました。

様々な規格の針金や鉄釘の順調な生産を保証するためには、金属を引き延ばし、釘を作る金型が非常に重要な設備でした。金型を提供する責任を負った劉淑芬同志（編集者注：本文の作者のひとりである）は、何度も一人で、湖南省の郴州まで足を運び、研磨具の半加工品を買い、もどってから自分で加工しました。そして弟子を率いて研究改良し、工場のために大量の資金を節約しました。亜鉛メッキした針金を製造する設備も自分たちで設計し自分たちで加工し組み立てたものでした。繰り返し試験と改良を重ねてやっと要求される水準に達し、基準に合った製品を生産できるようになりました。

工場にはほかにも機械修理場があり、旋盤削り、フライス盤削り、かんな削り、グラインダー削り、穿孔、鍛造など加工設備が結構整っていたので、一般的な部品の加工は、みんな努めて自分たちでやり、金を払って人に頼むことはしませんでした。たとえ私たちの加工能力をこえた超大型の部品でも、私たちは頭を働かせて方法を考え、アリが骨をかじるように根気よくこつこつと、対策を講じて困難を解決しました。例えば、鉄釘をきれいに洗うためのドラムを製造したとき、シャフトの長さが旋盤の長さを超えていたので加工できません。そこで私たちは二分割加工を採用しました。冷たくなれば縮み、熱すると膨張する原理を利用して、後で再び一つに組み合わせるのですが、中心が絶対にそろっていなければなりません。とても高い技術が要求されました。けれど鄒譲泉、季道軒、兪偉華など経験豊かな師匠たちの操作のもとで、一挙に成功したのです。このような設備はもし外部から購入すればずいぶん金を使ったことでしょう。工場建設の過程では、至るところで自力更生の精神が体現されました。各種の困難を克服する中でも鍛錬と試練を経験したのです。

工場が正式に生産体制に入ると、生産の任務は非常に緊張したものになりました。生産量を保証するために、三交替生産を実行し、人は休んでも機械は休ませません。深夜勤務に就くとき、私たちはいつも宿舎から工場まで、広い野原の中の小道を歩いていきます。あたりは一面漆黒の闇で静まり返り、ただ工場の金属引き伸ばし作業場の灯りだけが赤々とついていて、機械はゴウゴウと鳴り、人々の頭が動き回り、大層忙しそうに見えました。束になった黒光りするワイヤー製品が作業場に流れ出てくるのを目にすると、心はすぐに奮い立ち、疲れもすぐに跡かたなく消え去りました。交替手続きを済ませると、緊張して労働に入ります。夏には汗が雨のようにぽたぽた流れ落ち、冬には凍えて手も顔も痛いほどでした。けれど仕事を始めると、却ってみんな生気に満ち溢れ、大変な意気込みで、自分から進んで鍛錬し、自分から進んで苦しみに耐えました。その頃、夜勤者はさらに卵一つとマントウ一つそして白菜炒め一皿を食べることができました。

金属を引き伸ばして釘を作ることや亜鉛メッキの生産には、それほど高い科学技術は含まれてはいませんが、設備操作に熟練し、生産技能をマスターしていなければなりませんでした。例えば、金属伸ばし生産の第一工程は殻剥きで、それはつまり表面の酸化膜を剥がすことでした。まずワイヤーロッドの先を叩いて細く尖らし、金型に通し、殻剥き機に引き入れます。もしワイヤーロッドが割れて切れたら、結合機の上で溶接しなければなりません。その操作においては、二つの断面の中心が正しく合っているか、加熱する火加減や結合時の力の入れ方はどうかなど把握しておかねばならず、大いに知識が必要でした。熟練した高い技術が要求され、うまくいかなければすぐに切れてしまい、絶えず機械を止めて溶接しなければならず、目の回るような忙しさになります。すると生産量に影響するだけでなく、気分まで落ち込んでしまいます。私たちが努力して研鑽を積み、技術革新をするようになった理由はここにありました。もし切りたくなければ、あるいは少しでも切断を減らしたいなら、ワイヤーが金型を滑らかに通るかどうかにかかっています。金属を引き伸ばす速度、そして金型の穴の角度、なめらかさ、そして金型の口に塗る潤滑剤など、みな影響する要素となります。私たちはこれらのことについて一生懸命研鑽し、絶えず改良を重ねました。例えば潤滑剤の中のパラフィン、牛脂、滑石粉、石灰などの原料の配合比をいろいろ試し、どれが最も効果があるのか、生産量が最高になるのかを調べました。いくつかの生産チームはひそかに張り合って、多方面にわたって生産のコツを捜し、生産量が多くかつ質もよく、一番を勝ち取るように努力しました。修理工場の同志たちも私たち第一線の生産に対して積極的に協力してくれました。最も良い金属引き伸ばしの金型を提供し、設備に起こる様々な故障をいつでもどこでも直してくれ、生産が順調に正常に進むのを保証してくれたのです。

緊張の続く忙しい生産の中で、幹部の青年たちはやる気満々で、意欲にあふれていましたが、生産の安全性は軽視していました。私が夜勤をしていた時、当地の一人の若い青年が、不注意で金属引き伸ばし機のドラムに巻き込まれてしまいました。幸い機敏に機械を緊急停止させましたが、もう少しで死傷者を出す大事故になるところでした。ただ親指が一本巻き込まれ失われてしまいました。工場は賠償を行ないましたが、今回の事故は私たちに深く安全の重要性を教えてくれたのです。苦い教訓でした。安全な生産のために、私たちは安全教育を強化し、生産操作を規範化し、規則を確立し、非常スイッチを増設し、労働安全用品を完備し、操作の順序を厳格にし、互いに監督し合うようにしたので、すばらしい効果を上げることができました。この後はもうどんな事故も起こりませんでした。

火花を散らすような熱い生産活動の中でも、工場の指導者はみんなの学習と生活に気を配りました。汚れた池の水を飲まなくても済むように、井戸掘り隊に頼んで井戸を掘り、自分たちで給水塔を設計、加工、設置し、地下水くみ上げポンプを買ってきて、パイプを敷設し、水道水を提供しました。この工事は周辺の住民にも恩恵が及び、反響がよかったです。

その頃は政治学習に非常に力が入れられていたので、ほとんど毎晩会議か学習がありました。工場の外に住んでいる同志はとりわけ忙しく、特に雨の日は大変でした。仕事を終えた後、作業着を脱ぐ暇もなく、食事がすむとすぐ会が始まります。当時劉淑芬同志のように子供を連れた人はさらに大変でした。この頃劉冬葵は長女を連れてすでに北京に帰っていたので、劉淑芬はいつも片手に子供を抱き、片手に魔法瓶と食堂から買ってきたご飯を下げて、池の周りのぬかるんだ小道を難儀しながら歩きました。家に帰ると急いで二歳過ぎの小さな娘の預け先の段取りをしました。特別差し迫ったときは、子供を一人で家に置いて行かざるを得ませんでした。娘が怖がるといけないので、この子に明かりのついた懐中電灯を持たせて寝させました。隣人に世話を頼み、入り口にはただ小さな南京錠を掛けるだけでした。幸い当時は社会が安定していて、人々の気風は純朴で、事故は起こりませんでした。今思い出すだけで本当に少し恐ろしくなります。その頃は困難なことが重なりましたが、向上心は強く、苦しかったけれど、楽しくもありました。

工場の指導者は若い青年たちの文化学習に関心を払い、忙しい生産と同時に、大学を卒業した幹部たちが彼らに高校の文化授業をするように特別に配慮しました。仕事の余暇を利用し、ある時は作業場で、ある時は露天で、みんな地べたに座り、実地授業が行なわれました。設備は粗末でしたが、授業内容はいい加減なものではなく、特に高校の数学は、当時の高一から高三の教科書通りに授業が行なわれました。劉淑芬同志も教師を務めましたが、彼女がみんなに授業をするとき、時には二歳過ぎの小さな娘が足元でおとなしく遊んでいるのでした。当時の情景を思い出すたび、特別な思いがします。後で聞くところによると、当時のあの若者たちはみんなの期待に背かず、それぞれに見どころがあり、多くは大学に進学したり、従軍したりして造詣を深めたそうです。彼らの成長を目にし、また自分たちの苦労を思うと、より一層喜びと安堵を感じます。

工場に二年余りいましたが、生産は忙しく、生活は苦しく、学習は気の張るものでしたが、人々は楽観的で、情熱がみなぎり、やる気十分でした。生活改善のために、私たちは子豚まで買ってきて、学びながら豚の飼育をしました。また町まで出かけて並んで買い付けをしました。荷車を引いて並び、供給の限られた石炭と油を運びました。農作業が忙しいときは、総動員がかかり、幹部学校の大きな田んぼに行って収穫を手伝いました。またみんなで一緒になって、工場の中庭を平らにしたり、道路を補修したり、環境を美化したりしました。私たちはさらに若者たちを組織してバスケットボールチームを作り、町へ行って試合に参加したりもしました。こざっぱりとした工場の外観や忙しそうな情景、また情熱溢れる人々の様子は、外の世界にとても良い印象を残しました。人々はここが何か秘密の職場であるかのように思っていました。

自分たちの手で生産した何束もの真っ黒な鉄のワイヤー、何巻もの銀色をした亜鉛メッキのワイヤー、何箱もの様々な規格の鉄釘が、工場から積み出され、展覧会場に展示されたり、祖国のあちこちの建設現場に運ばれたり、またさらには外国に運ばれ私たちの対外援助プロジェクトに使われるのを見ると、心の内の誇りと達成感が、正に油然として湧き起こってくるのでした。

工場での二年余りの労働鍛錬の中で、私たちは生産技術を身に付け、意志を鍛え、体力を強くしただけでなく、同時に国家のためにも財産を生み出しました。たくさんの情景が今なお記憶に生々しく残っています。全ては書ききれませんが、人生経験においで、これらは一種の財産であり、いつまでも回想することができ、しっかり記憶する値打ちのあることなのです。

二〇一四年七月一五日

劉冬葵（りゅう・とうき）：一九三六年九月河北省に生まれる。一九六一年九月吉林工業大学卒業、対外経済連絡総局に入り仕事をする。一九六九年三月から一九七二年三月まで外経委員会（部）の「五七」幹部学校で労働鍛錬をする。一九八六年九月から一九九〇年一一月まで中国在ネパール大使館商務参事官を、一九九二年一一月から一九九六年一一月まで中国在ケニア大使館経済商務参事官を務める。一九九七年九月商務部アジア局にて退職する。

劉淑芬（りゅう・しゅくふん）：劉冬葵同志の夫人。中国対外援助貢献最優秀賞を受賞した。中国フルセットプラント輸出入部門（集団）公司にて退職する。

第七篇　アメリカのパスポートを持った「五七」戦士・黄美娴

編集者

黄美娴、つまり黄おばさん。私は羅山「五七」幹部学校について書いた多くの文章の中で彼女のことに触れたことがあった。それは一九七〇年のことだ。羅山外経委員会「五七」幹部学校第三中隊では、私の母于笑蘭[1]と、黄おばさん、そして名前は忘れたがほかにもう一人の老「五七」戦士の三人が同じ宿舎に割り当てられた。私は子供で、その時十二歳だった。母がシングルベッドに一尺幅の木の板を渡してくれて、私はその壁際に寝ることになった。これが私が女性宿舎に住むようになった経過であり、またこれこそが私が黄おばさんと一つ屋根の下で暮らすようになった経過でもある。私は三、四か月ほどそこに住んだ後、女性宿舎から引っ越した。

あの頃私は黄おばさんの背景を全く理解しておらず、彼女に対する印象も表面的なものだった。あの頃彼女は五十歳くらいで、五十五歳にはなっていなかったはずだが、私たちの目にはもう立派なおばあさんだった。私たちは彼女のことを黄おばさんと呼んでいた。「おばさん」と呼んでいたということは、彼女は監視される対象ではなかったということになる。黄おばさんの背は高すぎず、また太ってても痩せてもいず、体つきがすらりとしていた。目が大きく、髪は白髪交じりで、パーマをかけたようにカールしていた。おそらく生まれつきの巻き毛だったのだろう。あの時代、パーマをかけようなどという人はいなかったから。清潔できちんとしていて、寡黙で、南方のなまりがあり、いつもベッドの傍らに座って『毛沢東選集』を読んでいた。今考えると、彼女の心の内はきっととても辛かったに違いない。

彼女は誰なのか？　誰も私に教えてはくれず、私もまたたずねなかった。ただ第三中隊には、政治的地位がなく、小声で話をし、歩くときは道の端に寄るおばあさんが数人いることだけは知っていた。一人は曹和静。彼女は張仁従の夫人で、張仁従は幹部学校の本部で自殺したのだった。そして邱里紅に戈明……など。黄おばさんは監視を受ける対象ではなかったし、「左遷」の対象でもなく、ただ重要でない立場に追いやられた普通の、これ以上ないほど普通の「五七」戦士に属していたはずである。おばあさんたちは普段は菜園で働いていたけれど、それは重労働とはいえないくらいの労働だった。そして夜になると第三中隊で飼っている数匹の犬を連れて交代で夜回りをしていた。

この期間私の母は呉崗大隊に整党活動に出かけていたので、母は北京から持ってきたバター飴を黄おばさんに渡して管理してもらい、毎日私には二つしか飴をやらないように制限していた。後に私はタンスや箱をひっくり返して徹底的に捜し、飴の包みを持ち出した。黄おばさんは腕白な私に対してどうにもなす術がなかった。

またある時、黄おばさんたち数人のおばあさんが夜回り当番になり、黄おばさんは出かけるとき宿舎の入り口に外から錠を掛けた。その日私は腹を下していたので、焦ってしまい怒鳴ったり叫んだりしていた。ちょうどおばさんがもどって来て間に合ったが、さもなければどうなっていたか想像しただけでもたまらない。

　最近の十数年来、外経委員会の歴史を研究してきて、私は黄おばさんの夫が外経委員会副主任楊琳だということを知った。一九六八年、「文革」の時期に、楊琳は隔離審査を受けていた。監視と隔離が行なわれていた場所は元の外経委員会（阜外大街二二号）の二号棟だった。一九六八年一二月一〇日、楊琳は監視期間中にこの世を去った。迫害されたからだと言う人もいたし、不慮の事故だと言う人もいたし、病気によるものだと言う人もいたが、まだ六十歳という若さだった。「文革」の初期、中央の部級の指導幹部で正常でない亡くなり方をした人が六人いた。新しくできて間がなく、人数も多くない外経委員会のメンバーがそのうちの二人を占めていた。もう一人は同じく華潤公司出身の外経委員会副主任李応吉だった。李応吉は階上からの墜落死だった。ガラスを拭いていた時の不慮の事故だと言う人もいたし、押されたからだと言う人もいたし、自殺だと言う人もいた。

　二〇〇九年九月二六日、私は新浪ブログに『楊琳の死についての数種のテキスト』という一文を発表し、楊琳が亡くなった原因について問題にした。

　すると二〇一四年六月一三日になって、「小鳥」というハンドルネームのネット友達が私に連絡してきたが、なんと「小鳥」というのは楊琳の外孫、つまり秦文の娘の小文だったのだ。彼女は黄美娴のことを二番目のおばあさんと呼んでいた。四十五年たって、私は初めて黄おばさんがアメリカのパスポートを持った「五七」戦士であったことを知った。

私は黄美嫻の経歴を紹介する必要が大いにあると思った。なぜなら彼女の物語はとてもドラマチックで、今の中国共産党のスパイ戦争映画の基本的な型を備えていたからだ。楊琳は秘密戦線の革命的資本家と称えられているが、彼と黄美嫻は夫婦で「香港華潤」を創建したのである。

一九三八年一月、中国共産党は廖承志[2]を香港に派遣し「八路軍香港事務所」を創設した。楊琳(本名は秦邦礼、仮名を楊廉安という)は香港八路軍事務所の最も早いメンバーの一人であり、中国共産党秘密戦線の革命的資本家だった。楊琳は無錫の人で、一九〇八年に生まれ、祖先は名門の家柄だった。けれど父親が病気で早世したため、家運が傾いた。楊琳は十三歳で無錫の復元銭荘に行って徒弟になり、共産党が起こした無錫労働者蜂起と、江蘇省全省を揺るがした無錫農民大暴動に参加した。一九三〇年の冬、中国共産党に加入。一九三五年九月、陳雲[3]をモスクワに護送する任務を終えた後、組織の決定に基づき、モスクワのレーニン学院に残って経済を学んだ。一九三七年秋上海にもどり、その後また延安に赴き、中央党校の教務部で仕事をした。楊琳(秦邦礼)は博古(秦邦憲)[4]の弟である。博古は二〇世紀三〇年代初期には中国共産党中央の総責任者であった。

一九三八年の夏から秋にかけて、「連和行[5]」(Liow & Co)という名の小さな商店が香港にできた。これは中国共産党の香港における経済連絡拠点であり、今日の華潤グループの前身でもあった。何香凝女史[6]は、アメリカ国籍の中国系の若い女性黄美嫻を彼に紹介し助手にさせた。その時二十三歳だった黄美嫻は、アメリカのカリフォルニアに生まれ、カリフォルニア大学を卒業した。彼女の父親はアメリカのカリフォルニア商会の主席で、かつては孫中山[7]の指導する辛亥革命を熱心に支持し、香港の華僑界に強い影響力を持っていた。抗日運動に参加できるので、黄美嫻は喜んでこの仕事を引き受けたのだった。

最初の「連和行」と「連和輸出入公司」は、実際のところ楊琳と黄美嫻の「夫婦の店」だった。当時は資金繰りが苦しく、商売は一時展開しづらくなった。そこで黄美嫻は、父親が彼女に残してくれた、香港九龍の秀竹園道六号の庭園付き洋館の一部を二人のイギリス人エンジニアに貸し、その家賃で会社の日常支出を維持していたのだった。

また別の話もある。一九四〇年初め、燦華公司で、楊琳は会計係をしていた黄美嫻と知り合い、黄美嫻を通してまた、怡和洋行の理事である許氏と友人になった。黄美嫻は上海で生まれたが、祖父はメキシコの華僑で、メキシコに果樹園と農場を持ち、さらに華僑の子弟のための学校も作った。父親は大学卒業後上海にもどり弁護士をしていたが、後に建築業をやり、暮らし向きは豊かだった。黄美嫻はアメリカのイリノイ大学を卒業した。おもに修めたのは商科で、併せてシンシナティ音楽学院でピアノを習い、優雅で多才だった。(編集者注:于笑蘭は回想してこう言っている。彼女はアメリカで栄養学も専攻していた。だから料理の技術も高かった、と)。彼女の叔母一家は香港に住んでいた。彼女の母語は英語で、中国語の標準語が話せず、広東語もできなかった。ただ彼女は上海語が話せたので、上海語で楊琳と業務について話すのを好んだ。

華潤公司の主な任務は香港で資金を調達することであり、不足物資を八路軍や新四軍など抗日の前線に輸送することだった。一九四八年九月から一九四九年九月までの間に、華潤は三回、三〇〇名以上の重要な民主派人士を香港から秘密裏に大陸に送り返したが、それによって新中国の第一回政治協商会議の召集を保証することができたのである。また抗美援朝の後押しをし、新中国のために不足する物資を提供した。

一九四一年一二月、日本軍が香港を占領すると、楊琳と黄美嫻そして「連和行」は香港から離れた。

一九四三年春から、楊琳と黄美嫻は桂林でガーゼと食塩を取り扱う慶生行と、西洋の薬を取り扱う新亜薬店を相次いで開いた。また曲江(今の広東省韶関)に新蘇建築材料工場を創設し、桂林と曲江の両地で、規模が比較的大きく、在庫品もたくさんある協成百貨公司を経営した。一年のうち、楊琳は三度も荷物を送る車について重慶まで行った。彼は道中様々な職業の人や地方の秘密結社勢力と知り合いになり、国民党によるトラック封鎖や車強盗に遭っても、機知を働かせてうまく危険を乗り越えた。

一九四三年、楊琳と黄美娴に息子が生まれ、楊偉と名付けた。一九四四年の下半期、日本の侵略者は湖南、桂林地区に進攻し、一一月には桂林を占領した。楊琳の商売の損失はひどいものだった。上級機関の指示で、彼は黄美娴と数名の店員を連れ、協成百貨公司のすべての在庫品を携え、江西省の平楽、昭平、八歩あたりまで疎開し、再起の機会を待った。楊琳は商機をつかむのがうまく、車のタイヤを扱うと利益が非常に大きいことに気が付き、すぐに梧州と広州の間で担ぎ屋を始めた。彼は梧州の桐油を広州や香港に持って行って売り、広州のタイヤや香港の百貨を梧州に持って帰って売った。わずか一年余りの間に、彼はまたある程度の資金を貯め、「連和行」の商号を復活させたのである。

一九四四年、黄美娴と楊琳は一緒に仕事をしてすでに六年になっていた。しかも楊琳は元の妻である王静雅とはもう何年も会っていなかった。党内の不文の婚姻規定に基づいて、中国共産党南方局は楊琳と黄美娴の結婚請求を承認した。

一九四七年には、もう「華潤」という名称を使い始めていた。「華」は「中華」を表し、「潤」は毛沢東の字だった。つまりこれは中国共産党が率いる会社だということを表している。「華潤公司」が正式に登録されたのは一九四八年一二月一八日で、会社は共同経営の形で登録された無限責任会社で、登録資本は五百万香港ドルだった。黄美娴は華潤に英語の名称を付けた。「華」は China と訳し、「潤」には Resources という言葉を使ったが、それは「資源、物力、財力」の意味であり、China Resources とは即ち「中華の大地　雨露の潤す所」という意味だった。

華潤公司の従業員たちは国内の緊急物資を調達するために多くの金を使った。けれど彼ら自身の生活は非常に質素で、解放区と同じく、現物支給賃金制だった。現物支給賃金制は中国共産党初期に行なわれた一種の分配制度で、「粟」で換算していた。一九四八年、軍隊、役所、学校の職員の年収は、関内の解放区では毎年ひとり四〇〇「粟斤」で、東北地方の寒く、かつ農産物が豊かな所は、ひとり六〇〇「粟斤」だった。華潤は香港にあり、少し特殊だったので、ほかにも少し手当てがあった。

一九五二年の春、中央は華潤公司を外貿部の管轄に移すことを決定した。楊琳は命を受けて北京にもどり、外貿部計画局局長、中国在インドネシア大使館商務参事官、中国金属鉱産物輸出入公司社長、国務院対外経済連絡総局総局長、中国対外経済連絡委員会副主任などの職を相次いで務めた。「文革」中、楊琳は迫害に遭い、一九六八年一二月一〇日、不幸にもこの世を去った。

黄美嫻は一九一五年にアメリカで生まれ、一九三八年からずっと楊琳の傍につき従った。楊琳がインドネシアから解任された後、黄美嫻は対外経済委員会（編集者注：外貿部であろう）の編集翻訳局にもどって仕事をした。一九六四年楊琳について外経委員会に転任し、一九六九年外経委員会羅山「五七」幹部学校第三中隊に下放し労働した。彼女はアメリカ国籍の中国人だったが、ずっと大陸に留まり、楊琳の残した、国家機関が分配した古い家具を守り続け、心の中には楊琳と苦楽を共にした三十年間の真心を大切にしまっていた……

一九五二年一〇月、華潤公司は二〇〇〇万アメリカドルを中央事務庁特別会計室に引き渡し、華潤の上級指導部は中央貿易部（つまり後の外貿部と外経貿部）に変わった。一九八三年に改組され華潤（グループ）有限会社が成立した。一九九九年一二月、外経貿部と切り離され、中央の管理となった。二〇〇三年国務院国有資産監督管理委員会指導下の中央企業に帰属した。

そして二〇一三年七月八日には、アメリカの雑誌『Fortune』が発表するフォーチュン・グローバル五〇〇の一八七位にランキングされた。さらに二〇一六年七月二〇日、『Fortune』雑誌が発表したフォーチュン・グローバル五〇〇では、華潤グループは九一位になり、二〇一八年九月二日には、二〇一八年中国企業ランキングの一八位になった。

楊琳は秘密戦線の英雄と称えられているが、夫人の黄美娴もまた、同様に華潤公司の創立と発展のために大きな貢献をし、華潤公司の創始者の名に恥じなかった。彼女は自分の青春、学識そして一家の生命を中華民族の解放事業に捧げたのである。しかし、「文革」の期間彼ら夫婦は不公正な待遇を受けた。その心のうちはどうだったのか、私たちには理解することができない。けれど、その変化の大きな人生の中で、彼らが味わった悲しみや嘆きは、想像するに難くはない！

黄美娴は終始一貫してアメリカ国籍を変えず、入党もせず、中国を離れることもなかった。彼女は何を守ったのか？　何を伝えたのか？　彼女の味わった艱難辛苦を私たち外の者が理解することは難しい。彼女の息子の楊偉は、一九四三年に生まれ、北京航空学院を卒業した。改革開放の初期にアメリカに行き、アメリカ国籍になった。

「四人組」が粉砕された後、黄美嫺は司局級の身分で外経貿部を退職し、晩年は三里河の国務院宿舎に住んだ。

私は黄おばさんに伝えたい。「一九六九年から数えて、五十年の時が過ぎました。あの頃私はまだ一人の悪ガキでした。羅山の「五七」幹部学校にいたころ、私はあなたの栄誉ある履歴も、あなたの輝かしい出身も、学識の広さも全く知りませんでした。当時は無知でした。もし無礼なことをしたり、気に障ることをしたりしていたら、どうか許してください！」と。

〔編集者がインタビューとインターネット上の文献をもとに二〇一九年二月に編集した。〕

編集者注：本文の下書きができたときブログが封鎖されたため、楊琳の外孫の小文と連絡が取れなくなってしまった。そのため本文には細部をはっきりと説明できないところがある。ゆえにここに証言しておく。

黄美娴（こう・びかん）：一九一五年アメリカに生まれ、アメリカ国籍を持つ。中国華潤公司の創始者の一人。外経委員会副主任楊琳の夫人。司局級の身分で外経貿部を退職する。

1　于笑蘭（う・しょうらん）については、第一〇篇を参照されたい。

2　廖承志（りょう・しょうし）、（一九〇八―八三）。父は廖仲愷、母は何香凝。両親が日本留学中に東京で生まれ、暁星小学校に学んだ。一九一九年帰国して国民党に入党。二七年早稲田大学に入学し翌年中退。中国共産党に入党し、ヨーロッパで活動。三二年ソ連を経て帰国。四五年中央委員。六三年中日友好協会会長。六四年高崎達之助と「LT貿易」覚書を取り決める。七三年中日友好協会訪日代表団団長として来日。八二年中央政治局委員。八三年国家副主席就任直前に急逝。

3　陳雲（ちん・うん）、（一九〇五―九五）。江蘇省吉浦の生まれ。原名は廖陳雲。中共八大元老の一人。上海商務印書館の植字工から一九二五年入党。三四年長征に参加。三五年延安を経て訪ソ。三七年延安に戻る。四三年副総理兼財政経済委員会主任。五六年党副主席。毛沢東の「大躍進」政策に反対。六六年副主席を解任され、六九年江蘇省南昌の工場に下放。七八年復権、翌年副総理。八二年計画経済を籠とし市場経済を鳥とする「鳥籠論」。九二年鄧小平の「南巡講話」で批判され、引退。

4　博古（はくこ）、（一九〇七―四六）。本名は秦邦憲。江蘇省無錫の人。一九二五年上海大学入学後入党。翌年モスクワへ留学。三〇年陳紹禹（王明）らと帰国。三一年李立三路線を批判して留ソ派が党の指導権を握る。三四年党総書記。三五年遵義会議で毛沢東らにより第三次極左路線（王明路線）の軍事的失敗を批判される。四一年『解放日報』と新華通信社を主宰。四六年四月八日飛行機事故で死亡。

5　「行」というのは商店のこと。旧時は卸問屋や金融業などの屋号に良く用いられた。

6 何香凝（か・こうぎょう）、（一八七八―一九七二）。香港生まれ。夫は廖仲愷、息子は廖承志、娘は廖夢醒。一九〇五年中国同盟会に参加。〇六年日本女子大学博物科に再入学。一〇年私立女子美術大学卒業。二四年国民党第一回代表大会で婦人部長。二五年孫文の死をみとる。四九年以後中国人民政治協商会議全国委員会副主席、華僑事務委員会主任、中国美術協会主席、全国人民代表大会常務委員会副委員長、中華全国婦女連合会名誉主席。

7 孫中山（そん・ちゅうざん）、（一八六六―一九二五）。本名孫文。宋慶齢が夫人。中華民国の国父。初代中華民国臨時大総統。中国国民党総理。

［第三中隊の食堂］

第八篇　私と汪道涵との交流

李鍵祥

汪道涵[1]同志はかつて対外経済連絡委員会の常務副主任であった。当時私は仕事を始めてやっと数年のホンの若者であった。私の目からすれば、彼はずっと高い位にいる指導者であり、役所が大会を開いたとき、議長席に座っている彼の姿を見ることができるだけであった。思いもかけずに、以後の特殊な年代に艱難共にする交わりをすることができた。

汪老は十八歳で入党し、上海交通大学の機械学科で学んだ。学生時代に抗日宣伝活動をし、私服巡査に目をつけられ、巡査の目を逃れるために彼は素早く学校に向かって走り出したが、校門につかないうちに追いつかれてしまった。獄中では、彼は理によって敵とやり取りし、身分を暴露しなかったし、組織を漏らすこともなかった。敵は拠り所を問い出せず、父親を保証人として釈放した。出獄後も抗日救国活動に続けて従事した。父親を説得して田畑や家財産を放棄させ、家を挙げて延安に赴かせた。自分は新四軍に参加し、抗日戦争と解放事業に身を投じた。建国後、第一機械部と対外経済委員会の第一副主任を担当した。

一九六六年は汪老の厄年であった。彼の愛妻が病死したばかりのときに、「文化大革命」を迎え、運動が始まるや否や陥れられて裏切り者になってしまった。ある批判闘争の会ではまた突然に、彼の心から愛する娘が大交流会の際不幸にも崖から落ちて亡くなったと告げられた。彼が娘の惨状を見た時は、まるで天地が暗くなったようで、胸はえぐられるようだった。現場から戻ってくれば、すぐ批判闘争で、彼は心身ともに疲れ果てた。

周恩来総理がある会議で汪道涵が欠席しているのに気づき、そこで初めて汪老が裏切り者と貶められていることを知った。即座に批判闘争を中止させ、汪老をすぐ会議に参加させた。そして方毅主任に対してこう言った。「汪の歴史問題は組織が審査できることだ。大衆に任せてはならない」と。汪老はそこで暫時一息入れることができた。

当時全国では階級隊伍をきれいに整理し正すという嵐が吹き荒れていた。汪老はやっぱり厄運から逃れられず、監禁された。私もありもしない「五一六」の罪名で拘禁された。のちには二人とも「五七」幹部学校に移って「独裁対象」となり労働を監督された。独裁対象とは何かといえば、自由がなく、生活と労働とも人に監督され、行き来する家の便りも開けられて見られる。一日十数時間の超強度な労働で、農繁期には毎日ただ三、四時間寝ることができるだけで、暴風であれ大雪であれ出かけて仕事しなければならない。日祭日はなく、病気をしても休めない。さらに毎朝みんなが出かける前に厠の糞便を掬い取って綺麗にしておかねばならない。監督官はどれも鬼神や悪魔によく似ていて、「独裁対象」とかわす言葉は、叱責か侮蔑だった。汪老はさらに監督官に足を洗う水を持って来なければならなかった。毎日みんなのために尿瓶を空け、尊厳なんてなくなっていた。

幹部学校で食事をするのは列に並んで食事を受け取るのだが、「独裁対象」の者には往々にして量が少し少ない。超強度な肉体労働をさせられているので、いつも食い足りなかった。汪老はもともときれい好きな人であったが、腹が減ると衛生など気にしていられなくなった。ある時、糞尿を担ぎ終わって帰って来たばかりで、手にはまだ便のかすがついていたが、手も洗わず食堂に突進して行き、マントウをつかむや口に放り込んだ。当時汪老は毎月たった四十五元の生活費が出されていただけで、食費を払うほか、残りは家に送り、全国食糧券[2]を送ってもらって、食べ物を買っていた。一人の豚飼いの「独裁対象」者は空腹に耐えきれず、こっそりと豚の飼料を盗み食いしたということもあったし、時には、善良な「五七」戦士がひそかにマントウを「独裁対象」者にパッと手渡すこともあった。

幹部学校はもともと労働改造農場であった。農業機械技師と獣医師は労働改造農場から残留した者で、彼らは「独裁対象」者にとても同情していた。彼らが言うには、「労働改造犯[3]は一日八時間労働だ。日曜日は休み、病気があればベッドで寝ていることも可能で、祭日には娯楽活動さえあり、農閑期には学習が手配される。あんたたちには何も（権利も）ない。労働改造犯よりも苦しい！」と。私たちは昼間労働して、夜にはさらにつるし上げにあわねばならない時があった。特捜員の要求どおりに申し開きをしなければ肉体の苦しみを受けねばならなかった。およそ「独裁対象」者を制圧し、冤罪事件をでっち上げた功績ある人が、必ず褒章を受けた。あるいは「最前線」

入党（幹部学校は階級闘争の前線である）したり、北京に召喚されたり、国外に派遣されたりする。この利益に突き動かされて階級闘争は嵐のようにすさまじいものとなった。

汪老が経験した大小の批判闘争会は数えきれないほどだ。つるし上げのときは長時間立っていなければならず、ある時は「ジェット式」（腰を約一二〇度に曲げ、両手を後ろにそらして、ジェット式の飛行機のような格好にする）の体罰を受けねばならなかった。当時汪老はすでに五十五歳になっていたが、彼も若者と一緒に重い肉体労働をした。大雨が降った時でも稲田で苗を担がねばならず、彼はしょっちゅうあぜ道ですべって倒れ、起き上がってはまた続けて担いだが、誰も彼を助け起こす者はいなかった。そうしなければつまり階級の区別をはっきりさせていないことになるのだ。汪老の二つの手は過度の労働で十の指は硬直し、思いのままに動かせなかった。彼はさらに理由のない難題にも対応しなければならず、尊厳を失う体罰や辱めを受けた。ある大風の吹く日、果樹園のリンゴが地面一杯に落ちたので、作業に行く道の途中で彼は手ついでに落ちて裂け目のあるリンゴを拾って見てみた。するとすぐさまリンゴ泥棒と濡れ衣を着せられた。夏の炎天下に彼の両手を同じ高さにあげさせ、両手にはそれぞれ一個の腐ったリンゴを持たせた。長時間お日様に晒されっぱなしで、汪老に辱しめる体罰を与えたのである。傍の者は見ていられず、怒りがこみ上げたのだが、敢えて言えなかった。さらに一度、汪老が仕事を終えるのがやや遅くなって、もう食事が始まっていたのに、飯をよそう人がまた不在だった。彼は自分で冷たいご飯と冷えたおかずをよそって食べた。するとまたおかずを盗んで食べたという濡れ衣を着せられて、その場で空腹のままひとしきり批判闘争に掛けられた。似たような辱めと傷めつけは理由もなく突然降りかかって来るので、防ぎようもなかった。

私は幹部学校では汪老と話をしたことはなかった。「独裁対象」の間では話をすることは許されなかった。そうしないと、「反革命がつるんでいる」とみなされた。私たちはただ黙って相手を見るだけで、互いに同情と支持を示しあった。ある時、私たちは同時に信陽に行って病気を診てもらう許可を得た。監視人の注意していない間に辺鄙な林にもぐりこみ、胸の内の話をした。私たちは当面の情勢を分析し、林彪が墜落死した[4]からには日の目を見る日があるはずだとみなして、光明ができるだけ早く来るのを待ち望んだ。但し目前の痛苦は受け入れがたいから、私は汪老に向かってどのように目前の拷問や自白に対応したらよいか教えを乞うた。というのも、特捜組は党を代表する、人民を代表する、毛主席の革命路線を代表すると自称していたからである。特捜組の暴威のもと、口では彼らを擁護しなければならず、特捜組が絶対に正しいと言わざるを得なかった。それは彼らがでっち上げる反革命の罪業を認めるに等しかったので、反革命になったのである。もし彼らがでっち上げた事実を認めなければ、それは抵抗して拒むことであり、反党なのであった。どう回答しても反革命なのだ。時には、一つの口では多くの口には対処しがたいので、往々にして幾人かの特捜員が、同時にそれぞれ矛盾する問題を提出して、私を罠に掛け、それから自分に都合の良いところだけを取り上げて、追い詰めて手ひどい仕打ちを与えるのだった。私はさらに彼らが私に対して行なった体罰や殴る蹴るの暴力が「老婆心」からの援助と救済であったと感謝しなければならなかった。ひどい殴打は私はまだ受け入れられるが、精神的ないじめが私を非常に苦しめた。今になって私はある同志がいじめと屈辱に耐えきれず「処罰を恐れて自殺」したことを完全に理解する。私は汪老に尋ねた。どうしたら彼らに対抗でき、自分に無理に加えられたありもしない罪名を承認しないでいられますか？と。汪老は言った、難しい！と。彼も自分で脱出できない困難な境地に陥っていた。私は彼に反動派の監獄の中でどのように闘争したかを聞いた。汪老は「それは比べられない。あの時は私は公開で彼らに反対した。罵ることもできれば、彼らと言い争うこともできた。今は罵れるか？　彼らに一方で従いつつ、一方で彼らが無理に加える誣告を受け入れないなんてことは実に難しい！　過去には、審理が終われば私にかまわなかった。でも今は日々夜な夜な私たちを苦しめている」と言った。

林から出て来た後、一緒に信陽街道をぶらついていたとき、汪老は昔の面影を探していた。信陽が解放されたとき、汪老は曽てここに来たことがあったからだ。ただその時は部隊の指導者であったのに、今は「囚人」に過ぎない。

汪老は命令によって北京に戻ることになったとき、皆は汪老が解放され、政策が実施されることになると思った。皆はお祝いをし、本人も満面の笑顔で、苦海を脱したと思った。北京に戻ると、彼を待っていたのは一通の処分書だった。汪老は裏切り者で死んでも悔い改めない走資派と定められ、党を除籍され、公職から離脱させられたが、生活費は支給された。汪老は処分決定書に署名することを拒んだが、外経部から離れざるを得なかった。第一機械部が引き受けることになり、第一機械部技術情報研究所の技術顧問に配置され、生活費一三〇元が支給された。当時の汪老は大家族だったので生活はひっ迫していた。

私もいろいろな病気に見舞われ、また何度もの抗争を経て、病気治療で北京に戻ることが許された。この期間私たちの往来はかなり多かった。私はいつも彼の家に行くか事務室に行って雑談し、特捜員の野蛮で、違法で、卑劣な行為を痛烈に述べた。各自が受けた不当なしうちを訴え、名誉回復ができるだけ早く来ることを望んだ。汪老は決してこのことによって意気消沈することなく、天命のごとく書を好み、毎日科学図書館に入り浸って広くたくさんの本を読んだ。ある時、私が「文革」の期間には本を読まなかったことを恨みに思うと言うと、彼は自分の書架を指さして、こう言うのだった。私のところには本が多い。君は好きなように持って行きなさい、と。私は書架を見たのだが、全部機械の専門書と古典書で、一冊もわからなかった。彼は学識が広く深かった。唐山地震のとき、みんなは慌てふためいて取り乱していたが、彼は私たちの応急のテントに来ると、私たちに防震の知識と地震形成のプレート原理を話してくれた。

「四人組」[4]がとうとう失脚した。私たちは欣喜雀躍して喜んだ。名誉回復がもうすぐ我が家にもやってくると思った。私たちはあまりにも天真爛漫だった。職場はやはり「原判決」を維持したのだ。汪老はサインを拒絶し、併せて中央の組織部に提訴した。私も中央の投書陳情ステーションに訴えて、政策を実行するよう要求した。投書陳情ステーションは私の手紙を外経部に転送した。職場の指導者は上訴の手紙を書いた人すべてを幹部学校（編者注：昌平小湯山[5]）に集めて批判闘争をし、手紙を書いた人が自分は誣告したと認めるよう強要した。なぜ原告の告訴状を被告に渡して処理するのか、私はわけがわからなかった。もし包拯[6]が秦香蓮[7]の上訴書を陳世美[8]に渡して処理させたら、それはどんな結果になるだろう。

反乱を鎮め正しい道に戻す政策が深まりゆくにつれ、中央組織の口出しもあり、汪老はついに元の職に復職した。対外経済連絡部に戻り継続して副部長を担当した。一九七九年私も仕事に復職した。それ以後、私たちは各自の仕事に忙しく、顔を合わすのも少なくなった。

最後に会ったのは彼が上海市委員会書記の時で、私が彼の家を訪問したのである。私たちは別れて随分久しくなっていたが、楽しくよもやま話をした。彼は過去に独裁にやられた幾人かの同志の現状をとても気にしていた。そして、平民の友人への挨拶を私に頼むのであった。別れる時、私の泊まっている旅館まで彼自ら見送りに来て、彼の家の電話まで私に伝えるのであった。

みんなが過去の幾人かの指導者を評価する時、それぞれに違う見方がある。毀誉褒貶は一致しないもので、歯ぎしりして恨む者さえいる。但し、汪老に対する見方は、彼を傷めつけた同志を含めて一致している。汪老には学者の風格があり、人となりが上品で、人柄がとっつきやすい。極めて良い称賛のことばばかりである。

一九九一年一二月に汪老は海峡両岸関係協会会長になったが、それからは、中央の対台湾工作の重大な政策決定や部署に関わることになった。著名な「九二共同コンセンサス」[10]と汪辜会談[11]が両岸関係に歴史的な進展をもたらしたのである。海峡両岸の平和統一の大事業に対して卓越した貢献をなしたのである。

二〇〇五年一二月二四日、汪老は亡くなった。彼の同僚と私たち平民の友人は、彼をとても懐かしんでいる。

二〇〇六年初、文章完成。

（編者がサイトより採用：http://www.360doc.com/ content/09/1116/06/19446_9118847.shtml）

李鍵祥（り・けんしょう）：商務省の退職幹部。「文革」期間、大衆の推薦によって外経委の大衆組織の責任者を担当し、冤罪や偽の間違った案件に反対し、暴力や拷問に反対した。最終的には「五一六」分子に貶められ、各種の大衆独裁の刑罰を受け、終身障害者となり、十年の長きにわたって迫害を受けた。二〇一六年病死。

本文は二〇一〇年第六期の『炎黄春秋』(『炎黄春秋』ネット稿)より転載。

1 汪道涵(おう・どうかん)、(一九一五―二〇〇五)。副総理。一九三八年入党。四九年以降は、第一機械工業次官や対外経済聯絡次官、上海市長(八一年四月―八五年七月)を歴任。海峡両岸関係会初代会長(九一年一二月―二〇〇五年一二月)。江沢民を上海市長に推挙した。

2 原文「全国糧票」。食べ物を買うにはお金以外に食糧券が必要であった。食糧券には全国に通用するものと、その地方だけに通用するものとがあった。

3 「労働改造犯」とは、犯罪を犯した者などを労働によって改心させる場所を労働改造所と言い、そこで働かされる受刑者を労働改造犯という。

4 林彪の墜落死は、一九七一年九月一三日のこと。

5 「四人組」については、第一篇注31(六〇頁)を参照されたい。

6 「昌平小湯山」は、北京の西郊にある。

7 包拯(ほう・じょう)、(九九九―一〇六二)。字は希仁。合肥の人。北宋の名臣。民の不平をよく聞きいれたので「包青天」とも、龍図閣真学士になったので「包龍図」とも呼ばれる。清廉潔白で権力におもねらなかった。日本の大岡忠相のような人物。

8　秦香蓮（しん・こうれん）。京劇「秦香蓮（または鍘美案とも）」の主人公。夫陳世美の科挙試験のために苦労して子育てもしたが、昇進し、皇帝の娘をもらった陳世美に捨てられる。殺されそうになったが、包青天の判断に救われる。

9　陳世美（ちん・せいび）。明代の小説「増像包龍図判百家公案」に最も早く出てくる人物。清代の「七侠五義」で定着。科挙に一番（＝状元）で合格して皇帝の娘を嫁にもらい、秦香蓮や子供を捨てる。自分の栄誉や地位のために妻子を捨てた最も悪い男として有名。

10　「九二共同コンセンサス」は、一九九二年、中国の海峡両岸関係協会と台湾の海峡交流基金会が香港で行なった協議。二〇〇〇年四月に台湾の行政院大陸委員会主任の蘇起が名付けて公表。中国側は「双方とも〝一つの中国〟を堅持する（一中原則）」と主張。台湾側は「双方とも〝一つの中国〟は堅持しつつ、その意味の解釈は各自が異なることを認める」と主張し、一致していない。

11　「汪」は汪道涵。「辜」は辜振甫（一九一七―二〇〇五）のこと。台湾の著名な起業家。一九九〇年から二〇〇五年まで、海峡交流基金会理事長。会談は一九九三年四月に行なわれた。

第九篇　鳳凰衛星テレビにて、「五七」幹部学校及び汪道涵を語る

龍永図

龍永図：汪道涵同志は私の先輩で、一九六五年以後に仕事に参加した私のような者の最初の指導者でした。当時私は対外経済連絡委員会で仕事していました。彼は私たちの第一副主任でしたので、接触する機会もかなり多かったのです。「文化大革命」のときになると、彼は打倒されて走資派[1]とか、裏切り者とかの類にされました。それからのちに、河南の羅山の「五七」幹部学校で一緒に労働しました。それは一九六九年のことです。「五七」幹部学校で労働した時、私は牛小屋で牛の世話をしていました（編者注：汪道涵は第三中隊で牛の世話をする前、第二中隊でも牛の世話をしていた。のちに第二中隊と第三中隊とが合併したので、第三中隊に来て牛の世話をすることになった。龍永図が言っているのは、当然第二中隊でのことである。汪道涵が第三中隊に来たときは、龍永図はもう北京に戻って仕事をしていた）。

フェニックス：本当に牛小屋で牛の世話をしていたのですか？[2]

龍永図：本当に牛小屋で牛の世話をしていたのです。当時、えーと[3]道涵同志のような人はいわゆる「牛鬼蛇神」[4]ということでそれぞれの牛小屋に送り込まれていました。当時の牛小屋でやることは、一つは草刈です。つまりあの稲藁を切って一束一束牛に与えることです。もう一つは魚のいる池や貯水池へ行って水を担いでくる

ことです。当時道涵同志は私たちの　えーと　牛小屋に来て働いていました。当時彼は何年もの批判闘争を受けて、体も弱っており、また歳も取っていたので、水を担ぐ時はですね、私はこっそりと後をつけたのですよ。その時はもうとても寒くて、えーと　この池のへりには薄い氷が張っており、彼のようなあんな年寄りが水を取ろうとするならば、汲み上げてから天秤棒に下げるのです。天秤棒を担ぐことは私には手助けできませんが、しかしですよ、毎回彼が水を汲みに行くとき、私は彼の傍らに歩み寄り、彼が汲み上げるのを助けました。私はご老人がちょっと足を滑らせ、滑り落ちてしまうのをおそれたのです。

フェニックス：ちょっと滑ったら落ちてしまう。

龍永図：そうすれば溺れ死んでしまいます。当時は彼のような私たち共和国の宝で、こんな風に溺れ死んだ者が、つまるところ、七、八人いました。それで当時の話ですが、道涵同志もそのことを良く知っていましたし、私はと言えば、ずっと彼を見守っていたのです。さらに毎回彼が　えーと　水を汲むのを助けましたし、さらには牛を放牧するときは、私はこっそり近くに歩み寄って、心を広く持ちましょうと言いました。時には彼に「大衆を信じ、党を信じましょう」と書いてメモを渡しました。そういうわけで道涵同志と私はそのころ非常に良い一種の黙契があったと言ってよいでしょう。私が当時　えーと　「文化大革命」に多くの認識があったと言っているのではありません。私はね、やっぱり私たちのような山から出てきた子供は、性格はかなり善良だと思っています。私は決して政治上から彼に対していたわけではありません。私は彼が裏切り者であるかどうかなんてわかりません。私は彼が走資派かどうかなんてわかりません。でも私は老人をこのように痛めつけるのは間違っていると思いました。しかもあんな老人をですよ、水を担いでくるとき、あのように無駄に溺れ死ぬなんて、これは絶対に受け入れられないことです。

そいうわけでそののちではね、私たち二人は正直な話をし、多くのことを成し遂げ、長年の〝忘年の交わり〟[5]となりました。そういうわけでそののち、私はアメリカに仕事しに行きましたが、毎年私は帰って来て親族を訪ねますが、いつも上海に行き彼を見舞います。彼はひとり衡山飯店[6]で私に御馳走してくれます。

フェニックス：あなたは彼に本を持って行きましたか？

龍永図：その時は持っていましたが、当時は彼に渡しませんでした。当時のことですよ、しかしですが、彼は私が上海に行くと毎回御馳走してくれました。おまけにとても親切で、二人して食事をするのです。そういうわけで、えーと一九九〇の何年かの七月です。当時私たちはとても困難な時でした。（最も苦しいとき、彼は汪道涵の支えに涙を流したのである）。

フェニックス：その時あなた個人へのプレッシャーは大きかったのですか？

龍永図：個人的プレッシャーはとても大きかったです。中国加入の交渉[7]は、もし何らかの進展を得ようと思えば、真っ先に主席交渉代表を取り替えるべきだと言う人さえいました。それは私たち交渉代表団の人が公に言い出したのです。えーとつまり交渉代表を変えようとしたのです。しかも覚えていますが、私とアメリカ人とが一対一で交渉した時、何らかのことを話したのではないかと疑われ始め、これらのことがひっくり返され始めました。そうでしょう。しかし、私は心では自信がありました。私は上部にお伺いを立てて、初めてこうやったのですから。私は心に尋ねてやましいところはありません。しかしですね、当時のプレッシャーは大変なものでした。

フェニックス：しかしあなたはこのプレッシャーのもとで、汪老を訪ねに行きましたね？

龍永図：はい。汪老を訪ねに行きましたよ。私は汪老を訪ねに　えーと。

フェニックス：特別に行ったのですか？

龍永図：ちょうど上海で　えーと　世界貿易機関に関する討論会が行なわれていました。それで私は行ったのです。行ったら私は汪老に会ったのです。汪老がその時私に語ったのは、中国のWTO加入の交渉についてです。戦略上から言えば中国の改革開放が不可逆的であることとの交渉です。えーと、交渉は一つの事のためではありません。一人の人のために変更が発生するはずのものでもありません。それでその日のことを私は覚えていますが、私たちはホテルで食事をしましたよ。食事した後ですね、私に大きな励ましを与えてくれました。私が彼を見送りに出た時のことです。

汪老が車に乗る前に、私の手を握り、こう言いました。我々上海の人民（一千万余）は君・龍永図同志を支持しているよ。わし・汪道涵は断固として君・龍永図同志を支持するよ。

それで えーと、彼がこんなことを言ったので、私は覚えていますが、そのとき涙がどっとあふれ出たのです。その時私の秘書はそばにいたのです。本来彼は汪老のためにドアを閉めるはずでしたが、ドアのことを忘れて、自分がこの言葉を聞いたかのように、その場でボーっとしてしまっていたのです。それで えーと その次からはですね、私は心に大きな支持を得たと思いました。私は汪老の中国政治界の影響力を、また彼と上層部との関係を知っていたので、汪老の言葉がいい加減に出たものではないことを知っていたので、それで心に確信が持てました。この問題は撤回されるはずがない、少なくとも私が えーと、交渉代表からおろされるはずがない、少なくとも えーと 中国加入の交渉が終わりになるはずがないと思いました。

それでその後、北京に戻ってから、だんだんと えーと 情勢に変化が出てきました。九月にニュージーランドで会議するときになると、当時の江沢民[8]同志が、実際上アメリカと交渉を回復することを準備する決定をしましたが、私はいくつかの条件を出しました。当時の主な条件は、えーと アメリカに中国が発展中の国家であることを承認させようというものでした。

〔二〇〇九年九月二九日九時二三分のフェニックスウェブサイト独占特別寄稿「フェニックスサイトの曹景行[9]による龍永図の独占インタヴュー：国家が私に与えてくれた舞台に感謝する」より編者が引用。〕

http://news.ifeng.com/special/60biaozhirenwu/renwufangtan/
2009909/09_8198_1369897_3.shtml

編者注：河南羅山「五七」幹部学校にいた時、編者は龍永図と面識はなかった。一九七三年九月編者の家が朝陽区和平里八区に引っ越して来て、一九八五年五月に離れるまでいたが、私たちは建物の上と下という隣人だった。八〇年代の初め、龍永図はアメリカで仕事をしていたが、家に一通の封書が来た。すでに開封されていたが、中身は『中国青年』という雑誌だった。私たちは龍永図が書いた文章――「アメリカにおける陳景潤[10]」を読んだ。この重要な文章を取り上げる人は少ない。

龍永図（りゅう・えいと）：一九四三年五月生れ。湖南省長沙の人。六五年貴州大学外語系卒業。対外経済委員会に入って仕事する。六九年河南省羅山の外経委員会の「五七」幹部学校に下放する。「五七」幹部学校では一年あまり過ごす。七三年イギリスロンドン政治経済学院に派遣され、国際経済学を専門として学ぶ。七八年より、中国駐国連代表団、国連開発計画処、中国国際経済技術交流センター（副主任）などで仕事する。九二年経貿部国際経貿関係局局長。九四年四月経貿部部長補佐に就任し、中国がＷＴＯに加入する折衝の責任者となる。九七年二月経貿部副部長に就任し、併せてＷＴＯ主席交渉代表に昇級する。二〇〇三年一月より博鰲アジア論壇秘書長を担当。

1　「走資派」は、資本主義の道を歩む実権者という意味。一九六五年の毛沢東「農村社会主義運動の当面提起されているいくつかの問題について」ではじめて使われた。六六年八月八日中共八期一一中全会の『中共中央のプロレタリア文化大革命に関する決定』（十六条と言われる）で、この運動の目的は「資本主義の道を歩む実権派を闘い倒し、ブルジョア階級の反動学術権威を批判することである」と規定した。

2　文革時には、「牛小屋」と言えば問題のある人物（「牛鬼蛇神」や走資派など）を閉じ込め監視する小屋のことを言った。本物の牛を飼う小屋という意味では使わなかった。それで、このような質問が出るのである。

3　原文「這个」。龍永図の口癖のようである。

4　「牛鬼蛇神」とは、妖怪変化のこと。文革時、旧地主・旧資本家・学界の権威などをこう呼んで批判した。転じて、反党・反社会主義・反毛沢東思想分子を言った。

5　忘年の友ともいう。年齢の差に関わりなく親しく交わる友。『漢書』禰衡伝より。

6　「衡山飯店」は、一九三六年に完成した四つ星ホテル。二〇〇一年に復元。ユダヤ人マーラーが作ったので「衡山マーラーヴィラ」（衡山馬勒別墅飯店）という。総面積二四一一㎡、百六部屋。二〇〇〇㎡の芝の庭。北欧のお城のような形。陝西南路にある。

7　「中国加入の交渉」とは、二〇〇一年一一月の中国の世界貿易機関（ＷＴＯ）加盟の会談のこと。一二月一一日に加入資格が正式に発効。

8　江沢民（こう・たくみん）、（一九二六―）。江蘇省揚州市に生れる。四六年入党。四七年上海交通大学卒業。五五年モスクワスターリン自動車工場で研修。八五年七月汪道涵の推挙で上海市長。八九年六月党中央委員会総書記、一一月党中央軍事委員会主席。九〇年三月国家中央軍事委員会主席、九三年三月国家主席。九二年訪日、天皇を中国に招く。九五年抗日戦争勝利五〇周年を機に反日教育を推進する。九八年国賓として訪日。上海市長・党委書記時代の部下を次々と中央に引き上げ枢要な地位につけ〃上海閥〃を作った。中国の高度経済成長を進展させた。

9 曹景行（そう・けいこう）、一九四七年上海生まれ。六八年安徽省南部へ上山下郷で行く。七八年復旦大学歴史系に入学。八二年卒業。八九年香港に移る。『明報』主筆、『亜洲周刊』副総編輯。九八年フェニックステレビに入る。「時事開講」などの番組を持つ。

10 陳景潤（ちん・けいじゅん）、（一九三三—九六）。福建省福州市生まれ。数学者。一九五三年厦門大学卒業。中国科学院で華羅庚に師事。全国人民代表大会代表（一九七五—八八）。「ゴールドバッハ予想」（全ての3よりも大きな偶数は二つの素数の和として表すことができる）の証明で業績を上げた。

第一〇篇　私は羅山に戻ろうなどと思わない

于笑蘭（口述）

私の息子（王耀平[1]）は、ここ何年かしょっちゅう羅山に戻り、そのたびにいつも私に羅山のことを話します。そして、私に羅山に戻ってみたらと勧めるのです。本当のことを言えば、私は羅山に戻るなんてちっとも望みません。羅山のことを思い出すと、私は胸がドキドキするのです。

一九六九年三月、外経委は第二陣を組織して羅山の「五七」幹部学校に下放させました。行きたくなかったのですけれど、革命的態度を積極的に示すために、仕方なく名前を書いて応募しました。名前を書いたら本当に批准されてしまいました。批准されたので、仕方なく羅山に行きました。当時家は海淀区の花園村にあって、夫はモンゴルへ経済援助に行っており、上の娘はすでに黒龍江省の建設兵団に行っておりました。下の娘と息子はまだ学校に通っていて、確かに幾らか不安でした。でも、こんなことは問題ではありません。問題は私の二つの膝です。ひどい関節炎を患っていたのです。三十過ぎのときから、この関節炎はもうひどくなっていました。長い時間歩いたり、冷やしたり、重いものを持ったりするとダメでした。二つの膝は変形し、骨の棘が出来、しょっちゅう痛み止めに頼ってやっていかねばなりませんでした。

「文革」のときはデモ行進があるたびに、それは私の膝には試練でした。羅山に着くと、農作業は道を歩く以外は負担で、二つの膝はまるで支えられず、ずっと腫れ上がった状態のままでした。麦刈りのときなど地べたに跪いてやるしかありませんでした。私が仮病を装っているという人もいたのですが、いちいち打ち消す方法がありませんでした。

私は遼寧省清源県で生まれました。家はとても貧しかったので、母が私を身ごもっていたとき、きっと栄養が足りなかったのでしょう。それで小さい時から私の体質はとても劣っており、骨も劣っていました。二十歳過ぎのころ、歩き過ぎると膝の外側が痛くなりました。左側が痛くなる時もあり、右側が痛くなる時もあり、同時に痛くなる時もありました。東北のちっぽけな病院の先生も北京の大病院の先生もどちらも関節炎だと言いました。そして痛み止めをくれて、あまり疲れることをしないように、負担が多くなるとまるっきり治らなくなると言いました。ずっと正確な診断はなかったのです。六十歳過ぎになって、本当に歩けなくなり、ついに北京医院[2]で正確な診断がありました。私は足が外側に湾曲していて、俗にいうX型の足です。もし早くに正確な診断が出ていて、若い時に外反の整形手術をやっていたら、何十年も苦しむことはなかったでしょう。足の外反によって、大腿骨と脛の腓骨が膝関節の靭帯を内側に圧迫し、大腿骨と腓骨に直接摩擦が生じ、この摩擦の結果むくみや内出血が出て、骨棘が出来、行動に制限が生じます。もちろんそれに伴って激痛があります。私は六十歳過ぎと七十歳過ぎに、両方の足をそれぞれ手術しました。膝の上の大腿骨をのこぎりで切断し、新たにつなぎを調整し、力を受ける方向を変え、それによって痛みがなくなりました。……でもこれは後の話です。

羅山に着いたのは一九六九年三月ですが、住むところがいいか悪いかなんてどうでも良くて、とにかく道を歩くのが怖かったのです。当時第三中隊は家を建てている最中でした。私たちは本部に住み、畑に行って労働しました。必ず三里[3]の道を、往復六里歩かねばなりません。まだ農作業をしないうちからもう非常に痛くなりました。でも痛くてもそんなことは言えません。そんな風に甘えることなんかできません。ただ痛み止めを飲んで我慢するしか仕方ありません。時間が経って、とうとう耐えられなくなったその日のことです。中隊の指導者に話したのですが同情を得られませんでした。その時私は四十歳で、誰もこの歳でこんな痛い病気を持っているなんて信じないのです。彼らは私に克服しろ克服しろと言うばかりです。六九年の下半期、二女が黒龍江兵団に行くので、私は北京に戻って彼女を見送りましたが、これは指導部が私に数日手心を加えてくれたものでした。[4]

六九年一一月、第三中隊の宿舎が完成し、自分たちの食堂を持ったのでした。指導部は私を食堂で仕事するように配慮してくれました。そして、火を使って暖かいからと、私を火を使うところに配置しました。火をたくところは石炭を運びシャベルで屑をすくったりしますが、畑に行って畑仕事をするのに比べればずっとマシです。ずっと二年あまりやりました。その後私は幼稚園に異動になり、子供たちに食事を作りました。

七〇年、中隊の指導者は私を「五七」戦士劉某某の専案組[5]に参加させました。私の「足痛」を考慮してのことだそうです。劉某某「五一六」分子をつまみ出すこと。これは当時の派閥争いのエピソードでした。左右両派のどちらも罠を仕掛け、後の怖さばかり考えていました。劉某某の友人が国家計画委員会にいて、劉某某が「五一六」分子だと摘発したので、外経委員会はつまみ出さないわけにはいきませんでした。しかし、劉某某はまた「正確」派[6]の人物だったので、自分の派閥の者によって彼女を「五一六」だとしてつまみだすわけにもいかず、仕方なく私というどの派閥にも属さない者を探し出して来たのです。加えて私には東北で検察員になった経歴があるし、また劉某某と同じ宿舎であったので、私が専案組の責任者になりました（専案組組長は韓林でしたが、彼は基本的に顔を出しませんでした）。ありもしない「五一六」は、もともと罠であり、指導者も表面上は「深く探る」ことをさせましたが、その実形式的にやり、万にも真剣にやることはありませんでした。私は、基準がダメならつまみだすことなんてできないと言って、その後やめてしまいました。

のちに、幹部学校は農村の「整党」[7]の任務を引き受けました。私というこの障害者は労働はダメで、「五一六」分子をつまみ出すのもダメなので、五崗大隊の整党に派遣されました。農村の整党は所詮よそ様のことですから、私という部外者には何の圧力もありませんでした。主な任務は生産を整理することと対象を監督することでした。農民と世間話をしても、彼らの困難や子供の病気など、ただ同情を示すしかありませんでした。一人の女が隊長ともめ事を起こしました。隊長が彼女を蹴ったので、流産したと言うのです。地面にはまだ血が残っていました。私は一枚のチリ紙を取り出して、彼女に下半身を拭かせました。その結果何ともありませんでした。私は彼女に何事もなかったと言いきかせ、彼女ももう騒ぎませんでした。いつもは私は社員と一緒に池の泥をさらいます。隊長はお前はまじめにやらなくていいよ、みなにくっついてちょこっとやればいいんだと言いました。二、三カ月後、私は第三中隊に戻りました。

「九一三」の林彪事件[8]の後、大多数の「五七」戦士は続々と北京に戻りました。幹部学校の中小学校も休校になってしまいました。私の息子も北京に戻って学校に行きました。七二年の末には大部分の「五七」戦士が北京に異動となり、本部も部隊の農場に明け渡し、幹部学校はただ第三中隊の一部分を残すのみとなりました。私を北京に異動するという通知はありませんでしたので、私はただ幹部学校でイライラと我慢するだけでした。実際これ以上我慢できないで、私は自分で北京に戻ってしまいました。病気休暇を引き延ばし、「五七」幹部学校には戻りませんでした。もし私に羅山に対して何らかの愛着があるかというなら、本当に何もありません。ひどく不安で、あるのはただ恐れと悲哀だけです。

一度羅山に戻ったことがありました。一九七四年の夏のことです。幹部学校の南大池で「五七」戦士沈爾侖[9]が溺れ死んだので、その時沈爾侖のご家族と一緒に行ったのです。あの時羅山に戻ったのは、いわば公務出張でした。沈爾侖のご家族と一緒に葬儀の全過程に参加したので、ずっと哀惜の状態にいたのです。だから、何の良い印象も残っていません。

これが私の印象に残っている羅山です。私の息子の感覚とはまるで違います。息子は、「少年憂いの味を知らず」なのです！[10]

〔二〇一九年春節　口述　編者記録整理〕

［王耀平の母親、于笑蘭の肖像］

于笑蘭（う・しょうらん）、一九三〇年一〇月生まれ。遼寧省清源県の人。商務部の退職幹部。一九六五年以前は、遼寧省朝陽市人民検察院検察員であった。一九六五年五月対外経済連絡委員会第三局に転勤。一九六九年三月第二グループとして河南省羅山県対外経済委員会の「五七」幹部学校に赴き労働する。一九七七年から一九八五年前後まで、在ミャンマー及び在スリランカ中国大使館の経済援助部で働く。三等秘書官、二等秘書官につく。一九八五年に退職する前は、経貿部総務局で党の仕事をしていた。

1　「王耀平」とは、本書の編集代表者。一九五八年遼寧省安東市に生れる。六五年より北京。六九年一一月、母の勤める対外経済連絡委員会に従って「五七」幹部学校に行く。于笑蘭は王耀平の母親である。

2　「北京医院」は、一九〇五年創建。徳国医院と言われた。四九年四月延安中央医院とベチューン国際和平医院が当時の市立北平医院を接収して、北京医院と改名。五〇年に毛沢東が看板を書いた。党の高級幹部を医療保険の対象とした。六四年に毛沢東は普通の人びとに服務するよう指示。

3　三里は、一・五キロメートル。六里ならば三キロメートル。

4　「五七」幹部学校から北京に戻るのには特別な許可が必要で、なかなか許可されることではなかった。

5 「専案組」は、一九六五年五月中央に成立。党員の特定の個人の過去を数人で調査し、証拠を挙げて断罪する組織。江青、康生、謝富治などの意向によって組織され、党員を「叛徒」「特務」「反革命」などと決めつけた。「反革命修正主義分子」「走資派」「三反分子」などというレッテルもこのグループによって判定された。八七年三月に撤廃。

6 「正確」派とは、「文革」当時の派閥の一つ。軍事管制委員会から支持を得ていた。

7 「整党」とは、思想・政治・組織・態度などから党組織を整えること。

8 林彪事件とは、一九七一年九月一三日、当時中国共産党副主席兼国防相だった林彪が、毛沢東暗殺を企てて未遂に終わり、逃亡の途中にモンゴルで墜落死した事件。

9 沈爾命（しん・じりん）の溺死については、下巻第一〇篇にも出てくる。

10 これは南宋の辛棄疾の詞「醜奴児——書博山道中壁」の中の言葉で、若いときは愁いというものを知らなかったという意味。詞の全文は「少年不知愁滋味　愛上層楼　愛上層楼　為賦新詞強説愁　而今識尽愁滋味　欲説還休　欲説還休　却道天涼好個秋」である。

第一一篇　外経委（部）「五七」幹部学校の　年表

編者

1. 一九六六年五月七日、毛沢東は、解放軍総後勤部の「部隊の農業副業生産をさらにうまくやることに関する報告」を読んだ後、中共中央副主席、国防部長林彪元帥に手紙を書いた。これが有名な「五七」指示である。

2. 一九六六年五月一六日、北京における中共中央政治局拡大会議で、毛沢東が起草した「文化大革命」を指導する綱領的文献「中国共産党中央委員会の通知」（すなわち五一六通知）が通過。「無産階級文化大革命」が正式に始まる。

3. 一九六八年五月七日、黒龍江省革命委員会が機関幹部の下放労働を組織し、慶安県柳河で農場を始め、「五七」幹部学校と名付ける。すなわち黒龍江省柳河「五七」幹部学校。中国で最初の「五七」幹部学校である。

4. 一九六八年六月一三日、中共中央、国務院は対外経済連絡委員会を軍事管制することを決定。軍委総後勤部より幹部を抽出して軍事管制小組を構成する。軍管小組と略称。少将劉大煜が組長、鍾羽翌（またの名、鍾羽一）が副組長。

5. 一九六八年一〇月五日、『人民日報』は「柳河〝五七〟幹部学校が機関革命化に提供した新しい経験」という社説について次のような「編集者の言葉」を発表した。黒龍江「五七」幹部学校の幹部の下放労働に関する経験は大変良い。各級の革命委員会の同志たちと広範な幹部、知識分子がまじめに読むことを提案する。私たちにはすでに機構を簡素化する面での経験がある。さらに幹部が下放労働する面での経験もできた。如何に機関の革命化、幹部の革命化を実現するかについての認識はかなり整った、と。そして毛沢東は次のように指示した。「広範な幹部が下放労働することと、これは幹部にとって新たに学習する大変良い機会である。老人、弱者、病人、障害者以外はこうすべきであり、在職幹部も組に分けて下放労働すべきである」。

6．一九六八年一一月一九日、外経委は軍管小組の主催のもと、幹部下放労働動員大会を開き、機関幹部が自発的に応募するよう要求した。

7．一九六八年一一月三〇日、外経委機関は「五七」戦士歓送大会を開き、各人に三個の毛主席バッジを贈った。

8．一九六八年一二月三日、午前一〇時、第一陣の「五七」戦士が列車に乗って北京を離れ、河南省信陽に赴く。当時この人員を「六八一一」部隊と戯れに言う人がいた。

9．一九六八年一二月四日、河南省信陽から自動車に乗って息県県城に着く。「五七」幹部学校の地点は息県孫廟公社（今、孫廟郷）新庄である。

10．一九六九年一月二七日、外経委方毅主任と軍管小組鍾羽翌副組長が幹部学校慰問のため息県に来たとき、大雪によって幹部学校で立ち往生した。この時、羅山に第二の「五七」幹部学校を建てる着想が生まれる。

11. 一九六九年二月二六日、外経委機関の指示に従い、息県幹部学校は二人を羅山に派遣して「五一農場」（労働改造農場）を接収することの打ち合わせをさせた。

12. 一九六九年三月一日、また二十五人を派遣して羅山の「五一農場」の引き渡しの処理をさせる。外経委機関もすぐさま三十人を派遣して羅山に学校を建てさせた。学校本部の住所は廟仙郷草廟村で、第三中隊は龍山郷十里塘村である。

13. 一九六九年三月九日、第二陣の「五七」戦士が直接河南省羅山県に下放してくる。この時の下放幹部は「六九三九」部隊と呼ばれた。

14. 一九六九年三月一〇日―一九七三年末、河南省羅山廟仙郷草廟村に外経委（部）「五七」幹部学校校本部を設ける。

15. 一九六九年三月一〇日―一九七四年一〇月、羅山龍山郷十里塘村に外経委（部）「五七」幹部学校第三中隊及び後期本部を設ける。

16. 一九六九年三月一五日、中ソ珍宝島戦争勃発。

17. 一九六九年五月九日、軍事管制組が「幹部学校指導小組拡大会議」を開き、程飛を後勤組長に、楊華清、鍾国良を副組長に任命する。後勤組は全校の基礎建築隊、運輸隊、器械修理班、運転手班、食堂、小売部、倉庫、医務室、財務など多くの部門を統括し、合計七十五人いた。この時外経委には「五七」戦士が五百余名いた。

18. 一九六九年五月初めから八月末まで、「五七」戦士自身の組織で施行した基本建築工程により六五四㎡の宿舎を竣工する。羅山県建築隊が「仕事は請け負うが材料は請け負わない」やり方で請け負った十棟一八〇〇m²の宿舎を順調に竣工した。新宿舎は毎列八戸、二三八m²ある。複数の部屋のある家は一六m²、ひと間は一三m²。一m²当たりの建築費は約四十元。合計一三五四m²の住宅建築任務を完成した。

19. 一九六九年六月より、学校本部は六〇mの深さの井戸を掘った。毎日二八tが湧いた。

20. 一九六九年七―八月の間、軍事管制組長劉大煜は羅山の幹部学校に来て仕事を視察した。

21. 一九六九年秋、幹部学校は自力で発電ステーションを運営する。

22. 一九六九年一〇月一七日、林彪が「第一号令」を伝達する。正式名は「林副統帥第一号戦闘命令」だが、のちに関連する中央文献では「林副主席第一号令を指示」となっている。これと同時に、中央の党・政・軍の指導者と中央国家機関の幹部や家族を分散させて北京を離れさす。非常に多数の人が「五七」幹部学校に行った。

23. 一九六九年一一月四日、息県幹部学校正式に撤廃。数人の者を善後処理として残す。

24. 一九六九年一一月四日、第一陣の「五七」戦士の子女七名、羅山の幹部学校に到着。

25. 一九六九年一二月、外経委「五七」小学校成立。

26. 一九六九年末、外経委が「五七」幹部学校半導体機器工場（また羅山外経委「五七」幹部学校第二工場、電子管工場、トランジスター工場とも称した）の建設を始め、幹部の子女を北京の半導体機器第三工場に三か月（六か月ともいう）実習に行かせる。

27. 一九七〇年三月、実習後の「五七」子弟が河南省羅山外経委半導体機器工場（第二工場）で仕事する。

28. 一九七〇年三月二七日、中共中央は「〃五一六〃反革命陰謀集団を徹底的に調査することに関する通知」を出す。通知ではこう言う「国内外の階級敵と我々との闘争は非常に複雑であり、反革命秘密組織は決してただ一つの〃五一六〃があるだけではない」と。林彪、江青など（この言い方は検討を要する）はこれを機に多くの「中央文革」に反対する者、林彪、江青一味に反対する幹部や大衆を「五一六」分子とした。一九六七年九月八日、毛沢東は『人民日報』に発表された姚文元の「陶鋳の二冊の本を評する」に言葉を加えて、「〃五一六〃の組織者と操縦者は陰謀を行なう反革命集団であり、当然徹底的に暴かなければならない」と言った。一九六八年、中央に「五一六」を徹底的に調査する専門案件指導小組が成立する。陳伯達を組長、謝富治、呉法憲を指導小組の成員とする。

29. 一九七〇年四月初め、幹部学校の最初の「五一六」分子が「引っ張り出」された（自首）。第三中隊の某某某である。

30．一九七〇年夏、第三中隊「五七」戦士常明徳の娘劉俊青（幹部学校の知識青年）が胃の穿孔病で死亡。劉俊青はもと内蒙古で生産隊に入って働いていたとき、胃潰瘍を患った。のちに幹部学校の第三中隊に転じた。死亡時はわずかに十八歳であった。共青団団員に追認された。

31．一九七〇年六月二二日、中共中央、国務院は対外経済連絡委員会を対外経済連絡部（略称：外経部）に改称することを決定。方毅が部長を勤める。

32．一九七〇年六月、外経部「五七」幹部学校が抜絲釘製造工場を設立した。丸釘工場、幹部学校第一工場とも称された。工場長は陳耀明、王西陶等。場所は羅山県城関西三一二国道北側。

33．一九七〇年九月、河南省羅山県外経部「五七」中小学校が成立。

34．一九七一年七月九日、キッシンジャーがパキスタン訪問後北京に寄る。周恩来と会談をし、ニクソン訪中及び中米関係正常化について意見を交換する。

35．一九七一年九月一三日、林彪はモンゴルのオンドルハン（今ジンギスハンと称す）で墜落死。世に「九一三事件」という。

36．一九七〇年初秋、第一中隊の張仁従が宿舎で首を切って自殺する。

37．一九七一年一〇月二五日、アメリカの国連本部は第二六回総会を開き、中華人民共和国を国連の合法的地位と認める。

38. 一九七三年三月、外経部「五七」幹部学校（河南省羅山）の半導体機器工場を撤廃。

39. 一九七三年末、廟仙郷の学校本部は某部隊に引き渡す。幹部学校はすべて龍山郷の第三中隊の場所に移る。

40. 一九七四年夏、「五七」戦士沈爾侖が南大池で遊泳中に溺死。

41. 一九七四年一〇月初、羅山県龍山郷十里塘村の対外経済連絡部「五七」幹部学校を撤廃する。校舎は羅山県機械局に移譲され、農業機械学校に改築される。幹部学校所属の丸釘工場（第一工場）は県工業局に移譲され、羅山金属製品工場と改名する。同時期、王琨、朱佰州などの同志が貨物列車につき従い、羅山「五七」幹部学校の関係する物資を北京市昌平県小湯山（大東流公社）の外経部「五七」幹部学校の新しい住所に搬送した。

42. 一九七六年一月八日、国務院総理周恩来逝去。

43. 一九七六年九月九日、中共中央主席毛沢東逝去。

44. 一九七六年一〇月六日、華国鋒をかしらとする中共中央が江青、張春橋、姚文元、王洪文を逮捕する。世に「四人組」粉砕という。

45. 一九七七年八月、華国鋒が中国共産党第一一回全国代表大会で正式に「文化大革命」の終息を宣言。

46. 一九七八年一二月、中国共産党第一一期三中全会開く。

47．一九七九年二月、秦仁術、鞠璋、朱佰州、李健祥など一群の幹部が徹底的な解放を得る。

小湯山「五七」幹部学校は一時期、「敵対分子」に対する監督管理の場所となった。

48．一九七九年二月、国務院は「〃五七幹部学校〃を停止する関連問題に関する通知」を出す。

〔編者注：元の昌平「五七」幹部学校の住所は、現在中国医薬集団本社所属の中国出国職員サービスカンパニーの幹部育成訓練センターとなっている。

本年表の主な出所は、元外経委の老「五七」戦士程紹義、程飛などの回想の文章であり、編者が統一して整理した。〕

第一二篇　外経委の起源と足跡

――中国対外経済援助管理機構の歴史的変遷

王耀平・編輯

「外経委」とは中華人民共和国対外経済連絡委員会の略称であり、また対外経委とも言われる。中国の対外経済援助に従事することを主とした政府の行政機関である。外経委の歴史は長くなく、一九六四年六月から七〇年六月までの、たったの六年間の期間である。成立時、全国各地から大量の幹部を集中的にかき集め、外経委に配置したのと同時に、大量の家族も従って北京にやって来たので、これらの幹部と家族の命運は往々にして「外経委」という三文字と密接な関係があった。それで、「外経委」という三文字は、これらの人々の身に深く深く烙印されたのである。そして、外経委「五七」幹部学校もまたこれらの人々と密接な関係を持ったのである。

元の外経委「五七」幹部学校の「五七」戦士の大多数は、以下の単位で引退あるいは退職している。

すなわち、商務部、商務部国際貿易経済合作研究院、商務部中国国際経済技術交流センター、商務部国際経済合作学会、中国プラント輸出入（集団）総公司、中国出国人員服務総公司……など。

1．中華人民共和国創立初期の抗法援越[1]や抗美援朝[2]など外国援助の仕事は、直接的に周恩来総理が軍隊、外交及び各部委員会とともに具体的に実施した。委員会とは主として国家計画委員会、国家経済委員会と外貿部である。

2．一九五四年八月、方毅は羅貴波[3]を引き継いで駐ベトナム政治顧問団団長となる。周恩来はこのように言っている。方毅は「財政部副部長で、財政経済の仕事にはかなりの経験がある。ベトナムが平和裏に建設をしている今、私は君（編者：ベトナム副総理のファム・ヴァン・ドン[4]のこと）に方毅同志を推薦しよう……」と。八月二六日、方毅はベトナムに入った。

ベトナムへの援助事務が不断に増加したので、中共中央は、中共中央対外連絡部（中連部）が采配を振るう対ベトナム工作委員会を設立して、対ベトナム工作のバランスをとることに決定した。並びに、顧問団のメンバーの選抜派遣や連絡それに接待などの日常管理工作には中連部が具体的に責任を負うようにした。

一九五六年五月、中国駐ベトナム経済代表処が成立し、方毅が最初の駐ベトナム経済代表となった。

代表処の役割は、一、国外に於いて、我が国の対ベトナム経済技術援助工作を第一線で管理し、指導し、調整すること、二、経済合作問題につき、ベトナム政府の関連する部門と連絡し協議すること、である。代表処には、業務組、科技組、事務室などの機構が設けられ、二十名あまりの工作人員がいた。

3．一九五四年、中国の対外経済援助は、国家計画委員会、対外貿易部、第一機械部の管理に帰属することになった。駐ベトナム経済代表処は、外貿部の出先機関になった。一九五六年三月一三日、国務院常務会議は葉季壮（外貿部）、張璽（国家計委）、安志文（国家経委）の提出した対外経済連絡総局を設立する意見に原則的に同意した。その後、周恩来総理がしばしば設立しないと決めた。

4．外貿部所属の中国技術輸入公司は、前世紀五〇年代（編者駐：具体的な時間は調査の要あり）に第五処を成立し、対外援助プラントプロジェクトの輸出任務を請け負った。具体的なプロジェクトには、ビルマ紡績工場とベトナム、朝鮮、モンゴルの幾つかの軽工業などがあった。

5．一九五九年一一月、中国プラント輸出公司（今は、中国プラント輸出入（集団）総公司）が正式に看板を掲げて成立した。プラント公司は、中国の具体的な外国援助プロジェクトの最も重要な執行機構であり、外経管理機構と合併して長期間仕事をしていた。中国プラント輸出公司は、外貿部の中国技術輸入公司第五処及び第一機械部第一局、第三局の部分業務という基礎の上に設立したのである。汪名震（中技公司副社長であり、寧都蜂起の紅軍メンバーで、初代駐ソ連商務参事官を勤めた）が準備の責任を負った。第一機械部主管は汪道涵副部長で、外貿部主管は李強副部長であった。第一機械部副部長の黎玉がプラント公司の初代社長（実際は地位についていなかった）を兼任していた。第二代社長は汪名震、副社長は吉合群、趙力鈞、薛曙光であった。公司の下には、紡績、軽工、機械、重工、設備、材料、計画、物価、運輸などの業務処室が置かれた。

一九五九年一一月、《中国プラント輸出公司の正式成立に関する連合通知》は次のように指摘した。対外貿易部と第一機械工業部所属の中国プラント輸出公司による準備工作はすでに緒についており、当該公司は一九五九年一一月九日に正式に対外事務を行なう……今後、プラントに関係ある外国援助と輸出業務は、当該公司と直接相談し処理することにする。

事務所の所在地は、北京市東城区蘇州胡同一四一号楼内。

6．一九六〇年一月二一日、第二期全国人民代表大会常任委員会第一二次会議は対外経済連絡総局（略称は外経総局）を設立し、国務院直属とし、全国対外経済技術援助の一本化に責任を負うと決定した。方毅が総局長になり、もともと別々に外貿部、第一機械工業部、国家計画管理委員会が管理の責任を持っていたプラントプロジェクト援助工作を、外経総局が責任を持つことに改める。プラント公司もまた外経総局が指導することになった。

外経総局が成立する前、対外経済技術援助（プラントプロジェクト援助と単独技術援助そして物資援助を含める）の交渉や調印などの仕事はもともと外貿部の仕事に帰属していた。対外援助プラントプロジェクトが協議調印された後は、国家計委が手配実施の責任を負った。国家計委には外国援助処が設置された。

外経総局は一九六一年三月一日に正式に対外工作を始めた。外経総局は国家計委の系列に入り、国務院が国家計委党組に外経総局の日常業務や行政工作を指導させた。国務院は方毅を国家計委副主任、兼外経総局局長に、李強（外貿部副部長兼任）、劉明夫（国家計委副主任兼任）、周建南（第一機械部副部長兼任）、劉鼎（第三機械部副部長兼任）、李哲人（物資管理総局副局長兼任）、楊琳、常彦卿、石英、杜干全、李応吉を副総局長に任じた。

配下にプラント局、経済合作局と事務室を設けた。

一九六一年一一月二三日、中共対外経済連絡総局党組が成立し、方毅が書記、楊琳が副書記になった。この後、中央は前後して杜干全、李応吉を外経総局の副総局長に任命した。

外経総局直属の中国プラント輸出公司が、一括して対外の署名やプロジェクトの設計、施行などの契約、協議を執行することに決定した。

六〇年代から、経済援助の任務を持つ駐外国大使（領事）館に、経済参事処が続々と設立された。

事務所の所在地は、北京市西城区阜外大街二二号。

7．一九六四年六月、第二期全国人民代表大会常任委員会第一一九次会議は以下のことを決定した。外経総局を撤収して、対外経済連絡委員会（略称、外経委あるいは対外経委）を設立する。方毅が主任。副主任には、汪道涵、楊琳、謝懐徳、李応吉が当たり、委員には、常彦卿、杜干全、石英がなる。プラント公司はその所属の設備材料局とする。

機構の下には、事務庁、政治部、社会主義国家局、アジア局、設備材料局（プラント公司）、計画財務局、専門家実習生局、国際経済連絡局、政策研究室、技術室など十一の局級の単位が設けられた。一九六五年には外経幹部学校が開かれた。

8．一九六八年六月一三日、党中央は「外経委に軍事管制を実行する」ことを決定した。劉大煜（少将）が軍管組組長、鍾羽翌が軍管組副組長に任ぜられた。その後、党中央は正式に方毅を対外経済連絡委員会革命委員会主任に、劉大煜と鍾羽翌を副主任にすることを批准した。

9．一九七〇年六月二二日、中共中央と国務院は、対外経済連絡委員会を対外経済連絡部（略称、外経部）に改称し、プラント公司はその第四局とすることに決定した。方毅が部長になる。一九七七年一月一一日、方毅は中国科学院院長に転任した。一九七七年一月一二日、中共中央は陳慕華を外経部部長に任命した。前後して外経部副部長には、謝懐徳、陳慕華、李克、連田畯、魏玉明、程飛、石林、呂学倹などがなった。

事務所の所在地は、その期間中に阜外大街から北京市東城区安定門外東后巷二八号に移った。

10．一九八二年三月八日、第五期全国人民代表大会常任委員会第二二回会議は、国家輸出入委員会、対外貿易部、対外経済連絡部、外国投資管理委員会を合併して、対外経済貿易部（略称、経貿部あるいは外経貿部）を成立することを決定した。国務委員の陳慕華が部長を兼任した。もとの外経部の業務は外国援助局、合作局、外資局、国際局に分けて引き継がれた。その後、局は司に改められた。外国援助局とプラント公司は同じ人員で二つの看板を掲げていた。新たに組み替えられた外国援助局は三八五人編成となった。武慶産同志が外国援助局局長（またプラント公司社長）を担当した。

事務所の所在地は、北京市東城区長安街二号と安定門外東后巷二八号。

11．一九八五年五月一日から、経貿部の外国援助局はプラント公司と別々に事務を取り始めた。外国援助局は国別の政策、国家援助計画、政府間借款協議、プロジェクトや覚書などに責任を負い、プラント公司は事業単位の組織となり外国援助プロジェクトを実施する。

12．一九九〇年、経貿部はプラント公司が「外国援助プロジェクト執行局」という看板を付け加えて掲げることを批准した。一九九三年の初めに終結するまで。

13．一九九三年三月、対外経済貿易部は、対外貿易経済合作部と名前を変えた。

14．二〇〇三年三月、対外貿易経済合作部を撤収し、商務部を成立し、外国援助と外経業務を合わせて商務部扱いとした。

15. 二〇一八年三月、国家国際発展合作署を設立し、対外経済援助業務などを統一管理することにした。

1 「抗法援越」とは、フランスに抗議しベトナムを援助する運動。

2 「抗美援朝」とは、アメリカに抗議し朝鮮を援助する運動。

3 羅貴波（ら・きは）、（一九〇七―九五）。江西省の人。一九二七年入党。五〇年から五四年まで中共中央駐ベトナム共和国中央連絡代表、中国駐ベトナム顧問団団長。七八年山西省省長、省委第二書記。第八期中央委員会候補委員、中央委員。

4 ファム・ヴァン・ドン（一九〇七―二〇〇〇）。ホー・チ・ミンの最も忠実な弟子。ベトナム社会主義共和国の首相（一九七六―八七）。

編者代表と訳者紹介及び翻訳分担

王耀平（おう・ようへい）

北京作家協会会員、中国互連網新聞センター契約撮影師。一九五八年五月遼寧省安東市（現在、丹東市）に生れる。漢族。六五年父母の都合で北京に移る。六九年一一月母が勤める対外経済委員会に従って河南省羅山五七幹部学校に行き、小学校及び中学校に上がる。七二年北京に戻る。七六年一月高級中学校を卒業するも、失職。七七年末から北京の機械修理工場で働く。八五年対外経済貿易部の計算機センターで十年働く。二〇一〇年八月長編小説『羅山条約』を人民出版社から出版。旅行を好み、愛車「蝸牛号」に乗って中国全土二四万キロを走破した。現在、商務部国際貿易合作研究院を退職中。

王耀平の肖像

鎌田純子（かまだ・じゅんこ）
大阪府出身。二〇〇四年関西大学博士後期課程修了。〇七年九月三〇日博士号取得（関西大学文学）。学位論文「張愛玲と思想――五〇年代を中心に」。共訳に『羅山条約』などがある。
（翻訳分担）下巻第一篇「劉承華」から第五篇「王家驄」までと、第七篇「朱勇」から第一二篇「劉軍」まで。

山田多佳子（やまだ・たかこ）
一九八九年関西大学文学部中国文学科卒業。二〇〇八年同大学大学院修士課程修了。共訳に『沈従文と家族たちの手紙』、『羅山条約』など。
（翻訳分担）下巻第一三篇「李城外」から第二〇篇「巻末詩・李城外」まで。

松尾むつ子（まつお・むつこ）
二〇〇八年京都外国語大学中国語学科卒業。一三年関西大学大学院文学研究科博士課程後期課程単位修得。共訳に『羅山条約』など。
（翻訳分担）「この本の作成にあたって」から「序言」までと、本文第一篇「程紹義」から第七篇「黄美嫻」まで。及び、全文の翻訳見直し。

萩野脩二（はぎの・しゅうじ）

一九四一年四月東京都に生れる。一九六〇年四月京都大学文学部入学。一九七〇年京都大学大学院博士課程単位修得退学。九一年関西大学文学部教授。二〇一二年同大学名誉教授定年退職。著書に『中国〝新時期文学〟論考』、『増訂 中国文学の改革開放』、『謝冰心の研究』、『中国現代文学論考』など。共編に『原典 中国現代史 第五巻 思想・文学』など。共訳に『羅山条約』など。

（翻訳分担）「王耀平・日本語訳本の序文」、第八篇「李鍵祥」から第一二篇「起源と足跡」まで。また、下巻第六篇「呂争鳴」と第一九篇「羅山行」。及び、全文の「文末注」。

回想の羅山 上巻 五七幹部学校の記憶（外経篇）

2020年5月7日　初版発行

王 耀 平 主編　鎌田純子・山田多佳子 松尾むつ子・萩野脩二 共訳

定価（2,500円＋税）

発行所 株式会社 朋友書店

〒606-8311 京都市左京区吉田神楽岡町8番地
Tel：075-761-1285／Fax：075-761-8150
フリーダイヤル：0120-761285
E-Mail：hoyu@hoyubook.co.jp

乱丁・落丁の場合はお取替えいたします
ISBN978-4-89281-183-8 C0022 ¥2500E